Sutras

Buda

Sutras

La sabiduría fundamental del budismo

Prólogo de
Lama Ngawang Norbu

Edición de
Anne Bancroft

arielQuintaesencia

Título original: *The Buddha Speaks*

Primera edición: septiembre de 2001
Primera edición en esta presentación: noviembre de 2025

Avda. Diagonal, 662-664, 08034 Barcelona
Editorial Ariel es un sello editorial de Planeta, S. A.
www.ariel.es
www.planetadelibros.com

ISBN: 978-84-344-3983-2
Depósito legal: B. 19.479-2025

Impreso en España

ÍNDICE

PRÓLOGO

Al hablar de Buda, el error principal que solemos cometer es que lo convertimos en una figura inalcanzable, perfecta, impoluta, más parecida a una estatua de oro que a alguien de carne y hueso. Solemos tener en mente su pureza moral, su realidad monástica, tan a menudo sacralizada de más, alejada de nuestra realidad, nuestros problemas y nuestro sufrimiento. Pero si miramos su vida, lo que encontramos es exactamente lo contrario: un hombre que llevó su humanidad hasta el final, que no pudo ni quiso seguir viviendo por encima de la vida.

A menudo, cuando se habla de la práctica de las enseñanzas del Buda, se habla de la necesidad de cultivar los cambios a fuego lento. Y es cierto que lo que permite transformar profundamente la mente es el hábito y la repetición. Pero, para salir de una espiral de ignorancia, primero debemos tener determinación y saber romper con las cadenas. Para ello hace falta energía y coraje. Y, precisamente, el Buda fue un ejemplo de estos gestos valientes por cómo tomó las decisiones importantes de su vida. En él reconocemos la urgencia de quien quiere transformar su realidad, la urgencia de quien ha visto las llamas y no puede hacer otra cosa que intentar apagarlas. Cada una de sus decisiones drásticas —salir del palacio, renunciar a su destino como heredero al trono, romper con las expectativas familiares, probar hasta el final los diferentes métodos ascéticos que se iba encontrando, o sentarse bajo un árbol y no levantarse hasta desvelar completamente su mente— fue una interrupción radical de su inercia, un corte limpio con el hábito de hacer lo de siempre. Esta determinación es una de sus grandes cualidades. No solo que tuviera todas las respuestas una vez hubo despertado, sino que se atreviera a vivir la incomodidad hasta el final antes de liberarse completamente de la ignorancia. No esquivó las preguntas que a nosotros nos aterran y por las que vivimos constantemente distraídos: ¿por qué sigo haciendo esto igual?, ¿hay alguna forma de salir de esta dinámica?, ¿qué es lo verdaderamente importante?

Entre todos los gestos que cambiaron su vida, el más importante se dio cuando, justo antes de despertar, la duda le susurró «¿y tú quién eres para despertar?», pero el Buda no se refugió en su identidad de practicante. No respondió: «soy alguien especial, he elegido esto, me he comprometido con el despertar». Simplemente puso la tierra como testigo, tocándola suavemente con la punta de los dedos de su mano derecha. Es decir, confió en su potencial hasta el final, y confió en el contexto que testimoniaba su despertar —la verdad de la interdependencia, de que todo está conectado y que no hay un sujeto autoexistente—, no en su propio personaje espiritual o en sus atributos especiales. Incluso en el momento más delicado en el que todos nos hubiéramos perdido en reafirmaciones estériles, el Buda supo romper con la inercia y permitió, entonces, transformar su mente y abrirla a un nuevo paradigma. No hay gesto más valiente y rotundo: cortó con la narrativa habitual de su mente, la de los seres ignorantes, la que solo se autorreferencia, la que está oscurecida por la confusión del egocentrismo.

Hoy vivimos en una época extraña. Tenemos la sensación de que somos libres, de que podemos elegir lo que queremos; podemos cambiar de trabajo, de pareja, de ciudad, de afición y de red social. Pero todo gesto ansioso que proyecta felicidad nos ahoga en la misma frustración y, al final, creemos que nuestra libertad consiste en poder elegir entre múltiples formas de insatisfacción. Además, como sociedad hemos sofisticado y sistematizado el arte de mantenernos distraídos. El mismo mecanismo que el Buda vio hace 2.600 años —esa necesidad compulsiva de buscar la satisfacción en el próximo logro—, ahora se ha convertido en la base de todo un sistema socioeconómico. Si detuviéramos este movimiento constante, el mundo colapsaría.

Si somos honestos, veremos que después de años persiguiendo objetivos, seguimos con la misma sensación de vacío. A veces se manifiesta con toda la contundencia; a veces es sutil como un ruido de fondo que no nos permite relajarnos del todo. Es precisamente este ruido el que nos hace mantenernos en constante movimiento, de estímulo en estímulo, para no tener que confrontar la angustiosa verdad de fondo que nos señala que hay algo que no funciona. Y cuando algo duele, lo tapamos inmediatamente. Si hay ansiedad, la exageramos. Si hay aburrimiento, nos entretenemos. Rara vez nos quedamos quietos el tiempo suficiente para preguntarnos, en serio, qué está pasando; por miedo y por falta de alternativas, métodos y referencias.

Pero hay algo que no ha cambiado en todos estos siglos: seguimos siendo incompetentes para ser felices. Nos proponemos estar bien y no lo conseguimos. Decimos «hoy no me enfadaré» y nos enfadamos; «hoy no me frustraré» y nos frustramos. Somos extraordinariamente eficientes para muchas cosas, pero en lo más importante —en comprender nuestra propia mente, en usar bien nuestros propios recursos— somos un desastre. A menudo ni siquiera sabemos quién está pilotando nuestra vida. Incluso cuando nos acercamos al Dharma, buscamos experiencias especiales, queremos mejorar, queremos ser más como esa persona que admiramos. Y tiene una parte buena: necesitamos referentes y ambición para transformarnos. Pero esto puede convertirse en otro refugio emocional, otra forma de evitar la crudeza de ser quienes somos en realidad, que es de lo que huimos una y otra vez, corriendo lejos de nosotros mismos y forzando una nueva identidad que nos separa de lo que hay. El último bastión del ego es precisamente el yo de practicante, esa máscara espiritual que construimos para sentirnos especiales y, por lo tanto, separados y centrales.

Este prólogo pretende recordar que el gesto del Buda no es exclusivamente suyo. Está a disposición cada vez que nos damos cuenta de que estamos repitiendo algo que ya no sirve, cada vez que nuestro sistema interno se cansa de verse en bucle. Cada vez que soltamos una expectativa, un miedo, una forma de querer protegernos que en realidad nos está encerrando. Cada vez que dejamos de buscar experiencias estimulantes que nos alejen de nuestra humanidad fundamental. Ese desinterés que surge por nuestras viejas dinámicas es precisamente lo que nos llevará a generar la grieta necesaria que rompa con nuestro paradigma autocentrado. Solo cuando sostenemos el hastío y no huimos de él, podremos estar más cerca de reconocer nuestra verdadera naturaleza, tal y como lo hizo el Buda.

Las palabras contenidas en los sutras fueron recogidas por quienes caminaron al lado del Buda y conservadas durante siglos. No encontrarás aquí un sistema teórico, sino fragmentos de conversaciones reales, respuestas a preguntas concretas de personas que, como nosotros, buscaban salir de sus propias contradicciones. Estos textos han sobrevivido no por su belleza literaria —aunque la tengan—, sino porque funcionan. Porque generación tras generación, los practicantes han comprobado que lo que el Buda señaló es verificable en la experiencia directa. «Debéis ser una isla, un refugio para vosotros mismos», dijo. No hay autoridades externas que debamos obedecer más que a esa propia luz interna, no hay dogmas que aceptar, solo la invitación a investigar si lo que experimentamos cada día —esa insatisfacción de fondo, ese desencaje crónico— tiene realmente la salida que él encontró.

Leer sus palabras puede ser incómodo porque no ofrece consuelos fáciles. No dice que todo esté bien como está, es decir, no sobrevalida nuestras emociones, tampoco hace reducciones simplistas afirmando que solo hace falta cambiar de actitud. Señala que hay algo que duele en la estructura misma de cómo vivimos, en la propia arquitectura de la mente, y hasta que no lo veamos claro y hagamos algo al respecto, seguiremos dando vueltas. Pero también es tremendamente esperanzador, porque muestra que esa transformación existe, que es posible, y que otros la han encontrado antes que nosotros. Así, como ser humano con nuestras mismas potencialidades, nos sirve de referencia. Por lo que se trata de imitar su fiereza: la decisión de dejar de vivir anestesiados. La voluntad de mirar de frente la propia incompetencia y el sufrimiento del mundo, aunque incomode. La valentía de hacer gestos transformadores que rompan nuestra tibieza habitual.

Lo que el Buda nos dejó no fueron dogmas, sino una forma de estar en el mundo. Mostró que se puede confiar en la experiencia directa, en la lucidez que nace cuando dejamos de engañarnos. Que se puede vivir de manera más nítida, con más claridad, con una compasión que responde a la comprensión de la realidad. Pero esto requiere que reconozcamos algo incómodo: que tenemos un problema. Que nuestra mente está, básicamente, confusa y descontrolada. Que la individualidad que tanto defendemos puede ser tanto la causa de nuestro sufrimiento como, en forma de responsabilidad, la puerta de nuestra liberación. Porque, paradójicamente, por muy pesadas que sean nuestras condiciones externas o nuestra compañía, siempre podemos liberar nuestra mente. Es ella misma la que se confunde y la que se libera. Esa es la enseñanza del Buda, la que señala un potencial incuestionable e imperturbable.

Los destellos de sabiduría que encontrarás a continuación son siempre una invitación a mirar dónde estás, qué estás sosteniendo y si eso te acerca o te aleja de la verdad. Una invitación para acabar haciendo el mismo gesto comprometido que un día hizo Buda bajo un árbol: decidir no levantarse hasta que no quedara ni un velo más en su mente.

Ojalá nos dejemos tocar por esa misma energía creativa. Ojalá cualquier gesto —el de leer esto, el de callar y mirar adentro— pueda romper, aunque sea un poco, la inercia y devolvernos a lo que siempre hemos sabido, pero no nos hemos atrevido a vivir plenamente.

Lama Ngawang Norbu
Casa Virupa, Llinars del Vallès

SOBRE ESTA EDICIÓN

Este libro nos ofrece las palabras del Buda recogidas por sus seguidores. Durante el curso de una larga vida dedicada a recorrer a pie los pueblos y ciudades del norte de la India, el Buda (563-483 a. C.) dio numerosos sermones y consejos no solo a su orden de monjes y monjas, sino también a reyes y aldeanos, a parias y ladrones, ya que no aceptaba las distinciones de castas.

El estilo de sus sermones, tal como llegaron a escribirse cerca de tres siglos más tarde, era repetitivo y solía dividirse en categorías numeradas, ya que así era como las enseñanzas se habían memorizado en una época en la que el hecho de escribir era inusual y los materiales de escritura, caros. En este sentido, como sus seguidores querían recordar los sermones palabra por palabra, se ha conservado gran parte del material. Tras la muerte del Buda, el movimiento se dividió en dos escuelas principales, la Theravada y la Mahayana. La Theravada empleó el pali, una antigua lengua india, para transmitir las enseñanzas del Buda, mientras que la escuela Mahayana las expresó en la igualmente antigua y clásica lengua sánscrita. A medida que el budismo se fue difundiendo por otros países, como Corea, China y el Tíbet, los textos originales escritos en pali y sánscrito se tradujeron a las lenguas autóctonas, lo cual fue una gran suerte, en particular en cuanto a los textos sánscritos, ya que este hecho impidió que fueran destruidos por posteriores invasores. Los textos pali sobrevivieron más fácilmente gracias al rey Asoka (siglo III a. C.) de la India, un ferviente budista que ordenó escribirlos en forma de documento y grabarlos además en piedra por todo el país.

A finales del siglo XIX los textos pali se tradujeron a las lenguas europeas, y los traductores —en particular los de la Pali Text Society— siguieron las palabras originales con gran fidelidad. Poco después los textos sánscritos empezaron también a traducirse, y el principal traductor inglés fue el profesor Edward Conze.

Los textos pali, en especial, han seguido siendo más impenetrables porque sus traductores posteriores de la época victoriana no solo conservaron el estilo repetitivo original, sino que además usaron frases y palabras de su propio tiempo que en la actualidad resultan oscuras. Sin embargo, el Buda esencial, el brillante maestro y filósofo que nunca proclamó ser más que un ser humano, brilla en ellos, y aparecen constantes signos de una mente maravillosa: sabia y serena, pero llena de energía y humor; intensamente compasiva, pero práctica y sensata de manera penetrante.

El mensaje principal del Buda fue que cada uno de nosotros puede liberarse de la engañosa servidumbre que nos esclaviza a los apetitos y deseos. Mediante la contemplación podemos observar cómo es la vida, y a través de la atención, comprender correctamente el modo de vivir y encontrar la claridad en medio de la confusión o la desesperanza. Cuando vemos que toda la existencia está interconectada podemos liberarnos de nuestro excesivo amor por nosotros mismos y de los estrechos confines del yo. Una vez ha perdido el yo su poder, experimentamos una nueva conciencia, que es intemporal e incondicionada. Lo cual constituye el nirvana, que nunca fue distinto del mundo, aunque solo lo percibamos cuando dejamos de aferramos a este. La narración hecha por el propio Buda de su despertar a esas verdades constituye el primer pasaje del libro.

Los fragmentos de este volumen han sido cuidadosamente revisados para conservar los textos originales con la mayor fidelidad posible usando, al mismo tiempo, las palabras y frases modernas adecuadas en lugar de las que ya han quedado obsoletas. De esta manera el Buda puede hablarnos como lo hizo a los habitantes del norte de la India hace dos milenios y medio. El lector descubrirá que las situaciones que afronta el Buda en sus numerosos encuentros con la gente que iba conociendo son intrínsecamente las mismas que afrontamos hoy día. Los consejos que dio a sus seguidores son tan claros y necesarios para nuestro mundo como lo fueron para el suyo.

Anne Bancroft

EL DESPERTAR

Cuando yo era joven, al inicio de mi vida, me dediqué a observar la naturaleza y vi que todas las cosas están sujetas a la decadencia y a la muerte y, por tanto, al sufrimiento. Pensé que yo tenía esta misma naturaleza. Formaba parte de las cosas creadas. Yo también estaría sujeto a la enfermedad, a la decadencia, a la muerte y al sufrimiento. Pero ¿y si buscaba aquello que subyace al devenir, la perfecta y sin igual seguridad del nirvana, la perfecta libertad del estado no condicionado?

En mi primer arrebato de independencia fui, pues, en contra de los deseos de mi padre, me rasuré el tupido cabello negro, cubrí mi cuerpo con una túnica azafranada y abandoné el hogar paterno para llevar una vida sin techo. Deambulé durante largo tiempo en busca de aquello que es bueno, en busca de un insuperable estado de paz.

Al final llegué a un agradable bosquecillo junto a un río de agua pura y me senté bajo un gran árbol, seguro de que aquel paraje era idóneo para alcanzar la realización.

Vinieron a mi mente todas las condiciones del mundo, una tras otra, y a medida que venían las fui penetrando y abandonando. De este modo, finalmente, alcancé el conocimiento y la clara visión, y supe que aquello era lo inmutable, lo incondicionado. Que aquello era la libertad.

La realidad que percibí es profunda y difícil de ver o comprender porque se encuentra más allá de la esfera del pensamiento. Es sublime y sin par, pero sutil, y solo pueden hallarla los que se dedican a ello.

La mayoría de las personas no consiguen percibirla porque se aferran a sus apegos, a los placeres y alegrías. Como están tan apegadas a las cosas materiales, les es muy difícil captar que todo se origina a partir de unas condiciones y causas. Les cuesta mucho ver el significado de que todo, incluidos nosotros mismos, depende de algo más y carece en sí mismo de una existencia permanente.

Si intentara enseñar esta verdad, esta realidad, lo cierto es que nadie me entendería, pensé. Mi tarea y mi esfuerzo serían en balde.

Pero entonces comprendí que debía enseñarla, porque conduce a la felicidad. Hay gente cuya visión solo está ligeramente empañada y sufre al no escuchar la realidad. Oyéndola se convertiría en conocedora de la verdad.

Por esta razón decidí enseñar:

Para aquellos que están preparados, está abierta
la puerta que conduce al estado inmortal.
Tú que tienes oídos, abandona
las condiciones que te atan, y crúzala.

Májjhima Nikaya

En cualquiera de sus partes, tanto pequeñas
como infinitas,
él ha trascendido la propia historia de su vida.
Tranquilo y sereno ha quebrado,
como si de una armadura se tratara, todo aquello
que compone el yo.

Digha Nikaya

El inmenso océano tiene un único sabor, el sabor de la sal. Asimismo, la verdadera senda tiene un único sabor, el sabor de la libertad.

Májjhima Nikaya

Subhuti, ¿se te ha ocurrido que creo que por mi mediación los seres vivos son conducidos a la liberación? No lo pienses nunca, Subhuti. ¿Por qué? Porque no existe un ser distinto de los demás que los conduzca a la liberación. Si así lo creyera, estaría atrapado en la idea de un yo, de una persona o de la duración de una vida.

Subhuti, aquello que denomino «yo» no es esencialmente el yo que concibe una persona corriente, pero tampoco considero a nadie como una persona corriente. No obstante, al conocer la esencia, puedo usar el nombre de «persona corriente».

Sutra del Diamante

Venced las dudas y liberaos del estado de sufrimiento. Si gozáis de la existencia os convertiréis en un guía para aquellos que os necesitan y revelaréis la senda a muchos seres.

Sutta Nipata

Estando el Buda meditando en la orilla de un río, se acercó un brahmán que acababa de realizar cerca del lugar sus rituales de culto para ofrecerle un poco de pastel que le había sobrado. Pero al ver la cabeza rasurada del Buda, un signo de no ser nadie importante, se llevó una decepción.

—¿De qué casta eres? —le preguntó.

—No soy ni brahmán, ni príncipe, ni campesino, ni de ninguna otra casta. Soy alguien que comprende de qué modo se origina la existencia. Tu pregunta sobre la casta es irrelevante.

—Como pareces ser una persona sabia, desearía ofrecerte este pedazo de pastel. Me gusta hacer ofrendas porque creo que adquiero mérito con ello. ¿Podrías decirme qué es lo que hace que una ofrenda sea eficaz para acumular mérito?

El Buda contestó:

—Ya que buscas comprenderlo, escucha atentamente. No preguntes sobre la casta ni las riquezas, inquiere en su lugar sobre la conducta. Observa las llamas de una hoguera. ¿De dónde surgen? De un trozo de leña... sin importar de qué tipo. Del mismo modo, una persona sabia puede proceder de cualquier clase de madera. Es por medio de la firmeza, de la circunspección y de un sentido de la verdad que uno se vuelve noble, y no a través de la casta.

»Te diré cuáles son las más valiosas ofrendas. Son las de aquel que no se apega a la vida y que ha percibido adónde conducen el nacimiento y la muerte. En la plenitud de ese estado ha comprendido el modo de ser de las cosas. Su mente ya no busca ningún lugar de reposo. Ve la cesación de la cadena de los hábitos. Como ha dejado de pensar en sí mismo en términos de un yo, nada hay en él que pueda provocar desconcierto. Percibe todos los fenómenos con claridad. Ese es el que hace las ofrendas más fructíferas, las más meritorias.

Abrumado, el brahmán le ofreció el pastel diciendo:

—Ahora he conocido a un ser que lo comprende absolutamente todo, por lo tanto mi ofrenda será auténtica. Te ruego que aceptes el pastel.

Pero el Buda contestó:

—Brahmán, no acepto regalos por decir la verdad. Ese no es el proceder de la gente con un claro conocimiento. Ve y busca a un gran santo que sea perfecto y capaz de calmar cualquier ansiedad. Será el lugar idóneo para alguien como tú que busca acumular méritos. Así es como un regalo será eficaz.

El brahmán guardó el pastel y dijo:

—Te mereces un regalo, ya que me acabas de dar uno inigualable e inmensamente provechoso.

Y dicho esto se fue en busca de un santo perfecto.

Sutta Nipata

Del mismo modo que de estar aterrado confiarías
en un hombre valeroso,
si confías en la mente despierta,
te liberarás rápidamente,
aunque hayas cometido terribles errores.

Májjhima Nikaya

Al igual que el espacio llega sin ningún tipo de discriminación a cualquier parte,

el elemento inmaculado, que en su naturaleza esencial es la mente, está presente en todo.

Visuddhi Magga

Si deseas de veras la libertad, surgirá la felicidad,
y con esta llegará el arrobamiento;
cuando tu mente experimente el arrobamiento,
tu cuerpo estará tranquilo,
y cuando esté tranquilo, conocerás el gozo;
inundado de gozo, tu mente se concentrará fácilmente,
y una vez concentrado, verás las cosas tal como son,
y al verlas así, comprenderás que la vida es un milagro,
y al ser tan consciente, te desprenderás de tus apegos,
y al dejar de apegarte, te liberarás.

Digha Nikaya

El Buda estaba instruyendo a sus monjes:

—Imaginad a un rey que nunca hubiera oído el sonido de un laúd. Al oírlo por primera vez exclama:

»—¿Qué bello sonido es este?

»—El sonido de un laúd —le dicen sus cortesanos.

»—Traedme ese laúd —ordena él.

»Pero al tomarlo en sus manos no sabe qué hacer con él.

»—Llevaos el laúd y traedme aquel sonido tan perfecto.

»—Pero es imposible, majestad. Son muchas las causas que originan el sonido. Todas ellas forman parte de un objeto, del laúd. El sonido lo produce el cuerpo y la caja sonora, el brazo, la cabeza, las cuerdas y el movimiento de los dedos del músico.

»Pero el rey no puede comprender que el sonido surja de la participación de un conjunto de elementos, y hace trizas el laúd diciendo:

»—Este laúd ha estado engañando y defraudando a la gente durante demasiado tiempo.

»Monjes —dijo el Buda—, nosotros, que tenemos en cuenta el todo y no solo la parte, sabemos también que somos sistemas interdependientes compuestos de sentimientos, percepciones, pensamientos y conciencias interconectados entre sí. Analizándolo de este modo, descubrimos que el "mí" o lo "mío" no reside en ninguna de las partes de ese sistema, al igual que el sonido no pertenece a ninguna de las partes del laúd.

Samyutta Nikaya

El brahmán Dona, al ver al Buda sentado bajo un árbol, quedó impresionado por la tranquila atmósfera que de su despierta actitud emanaba y por su bello aspecto. Le preguntó:

—¿Eres un dios?

—No, brahmán, no soy un dios.

—¿Un ángel, pues?

—No, en absoluto, brahmán.

—¿Un espíritu, quizás?

—No, no soy un espíritu.

—¿Qué eres entonces?

—Estoy despierto.

Angúttara Nikaya

—¿Cómo puedo saber que estás Iluminado? —preguntó Sela, el brahmán, al Buda.

—Sé aquello que uno debe saber —respondió el Buda—, he cultivado aquello que debe cultivarse, y he abandonado aquello que debe abandonarse. Así es, oh, brahmán, como he alcanzado el Despertar.

Sutta Nipata

Sois vosotros los que debéis trabajar, los budas solo enseñan la senda.

Dhammapada

Despertad y gozad de una actitud vigilante. Comprended la sabiduría del Iluminado.

Al observar atentamente y trabajar con dureza, el sabio puede llegar a construir para sí mismo una isla que ninguna inundación pueda arrastrar.

El hombre irreflexivo ni siquiera cae en ello, pero el hombre atento considera que mantener una actitud despierta es su mayor tesoro.

Meditad y alcanzad a través de la sabiduría el nirvana, la suprema felicidad.

Dhammapada

Al final del sendero uno se libera del deseo y del sufrimiento. Aquel que está Despierto se ve libre de cualquier cadena y trasciende la vida y la muerte.

Como un cisne que se eleva del lago, avanza con sus pensamientos en paz sin mirar nunca atrás.

Aquel que comprende que todas las cosas son ilusorias, y que ha dejado ya de acumular, no deja rastro alguno, al igual que los pájaros cuando surcan el aire.

Como un pájaro en el aire, sigue un curso invisible, sin desear ni acumular nada, conocedor de que todo es vacío.

Dhammapada

En el momento de alcanzar el Despertar, el Buda exclamó:

—¡Maravilla de maravillas! Todos los seres están en verdad Iluminados y brillan de sabiduría y virtud. Pero como sus mentes están sumidas en la ignorancia e interiormente se apegan a un yo, no pueden comprenderlo.

Kegon Sutra

Subhuti, no pienses que cuando uno genera la mente despierta más elevada y plena, necesita ver todos los objetos de la mente como inexistentes, desconectados de la vida. Te ruego que no pienses así. Aquel que genera la mente despierta no niega los objetos ni afirma su inexistencia.

El que engendra la mente Iluminada debe saber que aquello que se denomina un yo o una persona, un ser vivo o la duración de una vida, no lo son en esencia, tan solo son conceptos. Nombres tales como «yo», «persona», «ser vivo» o «duración de una vida» no son más que nombres. Subhuti, debes saber que todas las cosas del mundo son de este modo y confiar en su esencia desprovista de nombres.

Las cosas condicionadas deben verse como si fueran
estrellas, una lámpara, un espejismo,
como gotas de rocío o una burbuja,
un sueño, un relámpago, una nube.

Sutra del Diamante

Subhuti preguntó:

—La perfecta sabiduría ¿está más allá del pensamiento? ¿Es inimaginable, totalmente única y, sin embargo, llega hasta lo inasequible y alcanza lo inalcanzable?

El Buda contestó:

—Sí, Subhuti, así es exactamente. ¿Y por qué la perfecta sabiduría está más allá del pensamiento? Porque ninguno de sus puntos de referencia puede captarse mediante el intelecto, solo pueden ser percibidos. Uno de ellos es el disolverse en la pura presencia al desprenderse de la conciencia de sí mismo. Otro, despertar simplemente a la realidad. Otro, conocer la esencia sin esencia de todas las cosas del mundo. Y otro, el luminoso conocimiento que conoce sin un conocedor. Ninguno de estos puntos puede sustentar el pensamiento ordinario porque no son objetos ni sujetos. Como no pueden imaginarse, tocarse o abordarse de ningún modo a través de una conciencia ordinaria, están más allá del pensamiento.

Prajñaparamita

Yo declaro que el que sabe y ve puede vencer el apego a las impurezas del mundo, pero que el que no sabe ni ve, no puede. En el que sabe y ve, surge el Ojo de la

Verdad libre de polvo y manchas. Al ver la verdad, percibe las cosas tal como son. Al ver la verdad, nacen en él la vista, el conocimiento, la sabiduría, la ciencia y la luz.

Samyutta Nikaya

Ananda, la naturaleza de lo Absoluto es que está totalmente Iluminado. Está más allá del nombre, la forma, el mundo y cualquiera de sus seres vivos. La ignorancia crea la ilusión del nacimiento y la muerte, pero cuando se disipa la ignorancia, se percibe el supremo y luminoso Absoluto. Entonces el sufrimiento se transforma en clara visión, y la muerte se transmuta en nirvana.

Surangama Sutra

EL AMOR

DERRIBANDO TODAS LAS BARRERAS, dejad que vuestra mente se llene de amor. Dejad que este invada todos los rincones del mundo para que el mundo entero, de arriba abajo y a todo su alrededor, se anegue de amor. Haced que sea sublime e inconmensurable para que abunde en cualquier parte.

Digha Nikaya

De todos los estados en los que podáis pensar, ninguno tiene ni la dieciseisava parte del valor del amor compasivo. Este constituye la libertad del corazón que todo lo abarca. Es luminoso, brillante y refulgente.

Al igual que las estrellas no brillan ni la dieciseisava parte de lo que lo hace la luna, la cual las hace palidecer a todas con su brillante luz, el amor compasivo hace palidecer todos los otros estados con su brillante esplendor.

Del mismo modo que al acabar la temporada lluviosa el sol brilla en el cielo claro y despejado, disipando toda la oscuridad con su radiante luz, y que al final de una oscura noche reluce con su esplendor el lucero del alba, ninguno de los estados de los que podáis serviros para fomentar vuestro progreso espiritual no tiene ni la dieciseisava parte del valor del amor compasivo, ya que su radiante luminosidad los hace palidecer a todos los demás.

Itivuttaka Sutta

Abrir vuestro corazón a lo hermoso es en sí mismo el viaje entero. A causa de los sentimientos que les inspira lo hermoso, los seres que temen el nacimiento y la muerte, la vejez y la decrepitud, se liberan de su miedo. Así es como debéis adiestraros: me convertiré en compañero y en íntimo amigo de lo hermoso. Para hacerlo debo observar atentamente y dar cabida a todos los estados de la mente que sean buenos.

Samyutta Nikaya

Comunicaron al Buda que su padre, el rey Suddhodana, estaba envejeciendo y que ansiaba verle. Sin pérdida de tiempo recorrió una larga distancia para ir al palacio de su padre en Kapilavastu, viajando durante dos meses y enseñando por el camino. Le acompañaban sus discípulos, y al llegar se hicieron los preparativos para que pudieran hospedarse en el jardín real. Pero los sirvientes de la corte menospreciaron al Buda por haber renunciado a su estado de príncipe y haberse convertido en una persona errante y no se preocuparon de proporcionarle el almuerzo, para él la única comida del día.

Sin perturbarse, el Buda cogió su cuenco y fue a mendigar de casa en casa en Kapilavastu acompañado de sus discípulos. Le contaron al rey lo ocurrido y este se apresuró a llamar al Buda para preguntarle por qué estaba avergonzando a la familia de ese modo.

—Mendigar es la costumbre de nuestra orden —le contestó el Buda.

El rey, lleno de asombro, dijo:

—Pero nosotros pertenecemos a un linaje de guerreros y ni uno solo ha ido nunca a mendigar.

—Tú eres el que pertenece al linaje de guerreros, oh rey —contestó el Buda—, el mío es el linaje búdico.

Y desde la calle aconsejó al rey:

—Mantente alerta y atento. Lleva una buena vida. Una persona buena vive felizmente en este mundo y en el siguiente.

El rey vio la verdad de esta afirmación. Cogiendo el cuenco del Buda condujo a este y a sus discípulos al palacio, donde les sirvió comida. A partir de entonces vivió una vida reflexiva y sencilla.

Digha Nikaya

Cuando la gente hable mal de vosotros, debéis reaccionar así: no permitáis que vuestro corazón se agite y no respondáis con palabras duras. Ejercitaos en abandonar el resentimiento y aceptad que la hostilidad del otro espolea vuestra comprensión. Sed bondadosos, adoptad un generoso punto de vista, tratad a vuestro enemigo como a un amigo, y anegad todo vuestro mundo con pensamientos afectuosos que lleguen muy lejos y a cualquier parte, que sean ilimitados y libres de odio. E intentad permanecer en este estado.

Dhammapada

Rahula, un joven muchacho, hijo del Buda, fue a reunirse con este. Su padre le aconsejó:

—Cultiva, Rahula, la meditación sobre el amor compasivo, así eliminarás la animadversión para siempre. Cultiva, además, la meditación sobre la compasión, ya que al cultivar la compasión descubrirás que desaparece la mala intención y la crueldad.

Májjhima Nikaya

Una persona que da libremente es amada por todos. Es difícil de comprender, pero dando nos fortalecemos. Sin embargo, hay un momento adecuado para dar y una forma apropiada de hacerlo, y aquel que lo entiende es fuerte y sabio. Dando con un sentimiento de respeto hacia la vida, la envidia y la ira se desvanecen. Y se encuentra un sendero que conduce a la felicidad. Del mismo modo que alguien que planta un árbol joven podrá con el tiempo beneficiarse con su sombra, flores y frutos, los resultados de dar aportan alegría. Este es el camino, ya que con los continuos actos de bondad el corazón se fortalece mediante la compasión y la generosidad.

Májjhima Nikaya

Un hombre rico dijo al Buda:

—Veo que eres el Despierto y desearía abrirte mi mente y pedirte un consejo. Llevo una vida muy atareada, y tras haber reunido una gran cantidad de dinero, estoy rodeado de preocupaciones, ya que doy trabajo a mucha gente que depende de mí para triunfar en la vida. Sin embargo, disfruto con mi labor y me gusta trabajar duro. Pero al haber oído que tus seguidores hablan de la dicha de la vida de ermitaño y al ver que has renunciado a tu reino para convertirte en una persona errante y encontrar la verdad, me pregunto si debería hacer lo mismo. Anhelo hacer lo correcto y ser una bendición para mi gente. ¿Debo abandonarlo todo para hallar la verdad?

El Buda contestó:

—Quienquiera que siga la senda del altruismo puede alcanzar la dicha que produce una vida dedicada a la búsqueda de la verdad. Si te apegas a tus riquezas, es mejor desprenderte de ellas que dejar que llenen de ponzoña tu corazón. Pero si no te apegas a ellas y las usas sabiamente, serás una bendición para la gente. No son las riquezas y el poder los que esclavizan a los seres sino el apegarse a ellos.

»Mi enseñanza no exige que nadie se convierta en una persona sin hogar o que renuncie al mundo a no ser que así lo desee, pero sí requiere que uno se libere de la ilusión de que existe un yo permanente y actúe con integridad mientras abandona su intenso deseo de placer.

»Y cualquiera que siga mi enseñanza, ya sea en el mundo o como ermitaño, debe poner todo su corazón en ello. Debe comprometerse y trabajar con energía, y si tiene que luchar, hacerlo sin envidia ni odio. No debe vivir una vida basada en el yo sino una vida de verdad, así el gozo supremo entrará en su corazón.

Májjhima Nikaya

En contestación a la pregunta sobre qué es lo mejor que uno puede poseer, qué es lo que aporta una verdadera felicidad, qué es lo más dulce de entre lo dulce y cuál es la forma más placentera de vivir, el Buda respondió:

—La confianza es lo mejor que uno puede poseer; seguir la senda aporta la verdadera felicidad; la verdad es lo más dulce de entre lo dulce; y la práctica de observarse interiormente es la forma más placentera de vivir.

Sutta Nipata

Que todos los seres existentes —débiles o fuertes, pequeños o grandes, visibles o invisibles, aquellos que viven lejos o cerca, los que han nacido o los que no han nacido aún—, que puedan todos, sin excepción, experimentar una mente feliz.

Que nadie engañe ni desprecie a ninguna persona de ningún lugar. Que nadie desee, llevado por la ira o la malevolencia, hacer daño alguno a otro.

Que nuestros pensamientos de ilimitado amor aneguen el mundo entero sin ningún tipo de obstrucción, odio ni animadversión.

Samyutta Nikaya

Una madre, aunque con ello ponga en peligro su propia vida, protege a su hijo, a su único hijo. Del mismo modo, debéis cultivar un amor inconmensurable hacia todos los seres. Debéis cultivarlo hacia el mundo entero —de arriba abajo y a todo su alrededor— con un corazón lleno de un ilimitado amor, sin mezclarlo con ninguna clase de intereses distintos u opuestos. Debéis mantener esta conciencia todo el tiempo que estéis despiertos. Semejante estado del corazón es el mejor del mundo.

Májjhima Nikaya

Debemos adiestrarnos del siguiente modo: liberándonos del yo por medio del amor, desarrollaremos amor, lo practicaremos, lo convertiremos en un camino y una base, nos fundamentaremos en él, lo acumularemos y progresaremos plenamente.

Samyutta Nikaya

Habiendo oído el Buda que sus monjes estaban peleándose entre ellos, les contó la siguiente historia:

—Vivía en Benarés un poderoso rey, Brahmadatta, que declaró la guerra a Dirgheti, el rey de Koshala, porque pensó que el reino de Koshala era pequeño y fácil de conquistar. Viendo Dirgheti que sería inútil oponer resistencia huyó de su reino, y tras un largo deambular llegó a Benarés y vivió allí con su esposa en la morada de un alfarero. Tuvieron allí un hijo al que llamaron Dirghayu.

»Cuando su hijo hubo crecido, Dirgheti pensó: "Brahmadatta nos ha hecho mucho daño y debe temer que nos venguemos. Si alguna vez nos encuentra, nos matará". Así que envió lejos a su hijo Dirghayu. Este acabó su educación y se convirtió en un joven hábil y sabio.

»Pero el antiguo barbero de Dirgheti, que vivía en Benarés, vio un día a este y le traicionó contándoselo a Brahmadatta para obtener una recompensa. Brahmadatta hizo desfilar a Dirgheti y a la reina por las calles, y este vio allí lleno de horror a su propio hijo. Temeroso de que el joven atrajera la atención, le dijo: "No nos mires. Vuelve la cabeza. El odio no se apacigua con el odio, sino con el perdón". Luego él y su esposa fueron ejecutados. Pero al caer la noche Dirghayu se llevó sus cuerpos y los incineró en una pira funeraria con todos los honores.

»Habiendo llegado el hecho a oídos de Brahmadatta, no dudó de que Dirghayu le asesinaría si se le presentaba la ocasión. Pero Dirghayu se había ido al bosque para estar solo con su dolor. Al cabo de algún tiempo regresó a Benarés, y al oír que había un trabajo en el establo real de los elefantes se ofreció para desempeñarlo. Cierto día el rey le oyó por casualidad cantar una triste pero bella canción acompañada del laúd, y le conmovió tanto la dulce voz que pidió al joven que se uniera a su séquito. Pronto vio lo sabio, jovial y responsable que era Dirghayu y le destinó a un puesto de confianza.

»Un día el rey fue a cazar acompañado solo de Dirghayu. En un momento dado se sintió cansado y se tendió en el suelo con la cabeza apoyada en el regazo del joven. Al fin le había llegado a Dirghayu la oportunidad de vengar la usurpación de su reino y la muerte de sus padres. Desenvainó la espada. Pero entonces, recordó las últimas palabras pronunciadas por su padre, "el odio nunca puede apaciguarse con el odio", y envainó la espada. El rey se despertó y dijo:

»—He soñado que el joven Dirghayu estaba a punto de asesinarme con su espada.

»Dirghayu sujetó la cabeza del rey con una mano y con la otra volvió a desenvainar la espada.

»—Yo soy Dirghayu y ha llegado el momento de vengarme.

»El rey vio que estaba a su merced y dijo:

»—No me quites la vida, querido Dirghayu. Te lo ruego, no me quites la vida.

»—¿Cómo puedo no quitártela si es ahora mi vida la que corre peligro? Eres tú el que no debe quitármela.

»Y el rey respondió:

»—Yo no te quitaré la vida si tú no me quitas la mía.

»Se estrecharon la mano y juraron no hacerse daño jamás el uno al otro. Acuciado por el remordimiento, el rey devolvió a Dirghayu su reino.

El Buda concluyó la historia comentando:

—Ahora bien, monjes, si los reyes que están acostumbrados a gobernar con la espada pueden llegar a ser tan tolerantes, cuánto más debéis dejar que vuestra luz brille ante el mundo. Vosotros, que dedicáis vuestra vida a la búsqueda de la verdad, debéis mostraros tolerantes y generosos. Que no haya más altercados, discusiones, desunión ni peleas.

Udana Sutta

Aquel que practica el amor compasivo duerme y se despierta tranquilo, libre de pesadillas; es querido tanto por los humanos como por las demás criaturas; nada puede dañarle. Su mente puede concentrarse rápidamente, su expresión es feliz y serena. Muere sin que su mente esté confundida. El amor compasivo le protege.

Angúttara Nikaya

Sed bondadosos, sed amables
y seguid el camino del bien.
Comprometiéndoos y anhelando la meta,
progresad siempre con valentía.
Perder el tiempo y retrasaros no os ayudará.
Pero ser fervientes es seguro y merece la pena.
Cuando lo percibáis, cultivad el camino,
así tocaréis y haréis vuestro
el Camino Inmortal.

Salmos de los budistas tempranos

Aquel que se entrega por completo al placer de los sentidos y no practica la contemplación, abandona lo real por lo placentero. Llega a envidiar al que va en busca de la sabiduría.

No os apeguéis a lo placentero, ni tampoco a lo desagradable. Perder aquello que amáis causa sufrimiento; pero guardar el dolor de la pérdida sufrida produce más dolor.

Dhammapada

Ananda, un ayudante del Buda, pasó frente a un pozo que había cerca de un pueblo. Pakati, una joven de baja casta, estaba sacando agua de él. Ananda le pidió si podía darle un poco para beber.

Pakati dijo:

—Soy de baja casta y por lo tanto no debo darte agua. Te ruego que no me pidas nada, ya que podría contaminar tu santo estado con mi posición de baja casta.

Ananda respondió:

—No estoy interesado en la casta, sino en beber agua.

El corazón de Pakati dio un vuelco de alegría. Le ofreció agua, y cuando Ananda se fue le siguió a una discreta distancia. Al descubrir que era discípulo del Buda, se dirigió a este y le dijo:

—Te ruego que me aceptes y me dejes vivir donde habita tu discípulo Ananda, para que pueda verle y llevarle todo cuanto necesite, ya que he descubierto que le quiero.

El Buda comprendió lo que ella sentía y dijo dulcemente:

—Pakati, tu corazón está lleno de amor, pero no entiendes tus emociones. No te has enamorado de Ananda, sino de su bondad. Acepta la bondad que te ha demostrado y al mismo tiempo practícala hacia los demás. Has nacido en una casta baja, pero de esta manera serás un modelo para los nobles de alta alcurnia. Mantente en este camino y con el paso del tiempo eclipsarás la gloria de reyes y reinas.

Agamas

Despertad vuestra voluntad, suprema y grande,
practicad el amor, dad alegría y protección;
haced que el dar sea como el espacio,
sin discriminación ni limitación alguna.

Haced buenas acciones, no en beneficio propio
sino en el de todos los seres del universo;
salvad y liberad a cualquiera con quien os encontréis,
ayudadle a alcanzar la sabiduría de la senda.

Prajñaparamita

Ananda dijo al Buda:

—Creo que nunca ha habido un maestro tan grande como tú, ni nunca lo habrá en el futuro.

El Buda le preguntó:

—¿Has conocido a todos los que han despertado, a los budas del pasado?

—No, Honorable.

—¿Y puedes conocer a todos los budas del futuro?

—No, Honorable.

—En tal caso, supongo que conocerás esta mente despierta completamente.

—No, Honorable, ni siquiera la conozco por completo.

—Entonces ¿cómo puedes hacer tan disparatada afirmación? Es mejor hablar de lo que conoces que especular tontamente.

Májjhima Nikaya

Aquellos que comprenden claramente el hecho de que la Iluminación se halla en todas partes, alcanzan la perfecta sabiduría con la maravillosa percepción de que todos los objetos y estructuras, tal como son en el momento presente, están en sí mismos Iluminados; tanto el camino como la meta son totalmente transparentes para lo inefable. Aquellos que experimenten lo inefable, conocido como Talidad, reconocen que todas las estructuras están radiantemente vacías de la existencia de un yo.

Aquellos que alcanzan la perfecta sabiduría están siempre inspirados por la convicción de que la infinita variedad de formas de este mundo, en toda su relatividad, en lugar de suponer un obstáculo y una peligrosa distracción para el sendero espiritual, son realmente una medicina que cura. ¿Por qué? Porque como son interdependientes unas de otras y no tienen, por tanto, un yo distinto, expresan el misterio y la energía del amor que todo lo abarca. No solo los sabios Iluminados, sino cada ser en el mundo interconectado vive en la ilimitada infinidad del amor.

Prajñaparamita

LA CLARIDAD

PREGUNTÓ SUBHUTI AL BUDA:

—¿La mente más elevada y despierta que has alcanzado es lo inalcanzable?

—Sí, Subhuti. En cuanto a la mente más elevada y despierta, yo no he alcanzado nada. Esta mente se halla en todas partes por igual. No puede alcanzarse o captarse, pero sí realizarse. Y eso se logra con la práctica de las buenas acciones cuando se llevan a cabo con un espíritu vacío de yo y sin el objeto del yo.

Prajñaparamita

Se impone un nombre a lo que se piensa que es una cosa o un estado y esto lo divide de las otras cosas y estados. Pero cuando buscáis lo que subyace bajo el nombre, descubrís una sutileza cada vez mayor exenta de divisiones. Los átomos de polvo no son realmente átomos de polvo, sino que tan solo son llamados así. Asimismo, un mundo no es un mundo sino que tan solo es llamado así.

Visuddhi Magga

Preguntó Subhuti:

—¿Qué significa *buda*?

El Buda respondió:

—El Buda es la realidad. Aquel que percibe totalmente todos los factores de la existencia es un buda.

Entonces Subhuti preguntó:

—¿Qué significa *Iluminación*?

El Buda contestó:

—Iluminación es una forma de decir que todas las cosas se ven en su naturaleza vacía intrínseca, en su Talidad, en su inasible maravilla. Los nombres o palabras son meramente incidentales, pero el estado en el que no se ve división ni dualidad alguna es la Iluminación.

Subhuti preguntó de nuevo:

—Si uno desea conocer la vacuidad, ¿cómo debe proceder para lograrlo?

—Aquel que desea percibir la vacuidad, debe adorar la realidad, desarrollar la capacidad de vivir en el mundo y cultivar amigos que piensen como él. Dicha capacidad solo puede desarrollarse en presencia de la realidad y no de otro modo. Dotada de esa capacidad, la persona da sin tener la idea de un dador y vive sabiendo que todos los factores de la existencia en el fondo son insustanciales.

Prajñaparamita

El ojo de la claridad se llama así porque lleva la visión a todos. Permite que cada uno, a su manera, penetre la realidad no creada e incondicionada.

Prajñaparamita

Lo que no sea vuestro, devolvedlo; devolverlo redundará en vuestro beneficio y bienestar. ¿Cuáles son las cosas que no son vuestras? El cuerpo no es vuestro... devolvedlo. Vuestros sentimientos llegan y se van, no os pertenecen, devolvedlos. La percepción y las cosas percibidas no son vuestras, abandonadlas. El modo en que vuestro cerebro funciona y forma ideas no es vuestro, no os apeguéis a él. La conciencia es una condición general, no es vuestra, no os pertenece. Desprenderos, devolver y saber que no os pertenece redundará en vuestro propio beneficio y bienestar.

Samyutta Nikaya

Al igual que la huella de cualquier criatura que camine por la tierra cabe en la huella de un elefante, la mayor de todas, la plena consciencia es la cualidad que asegura tener una mente serena en todo momento.

La plena consciencia hace que surjan los pensamientos beneficiosos que no han surgido aún. Y también que se desvanezcan los nocivos que ya se han presentado. En aquel que es plenamente consciente, se manifestará todo lo bueno que debe ser realizado.

Angúttara Nikaya

El Buda advirtió que Sígala, en su casa, daba palmadas y luego se volvía hacia las cuatro direcciones y hacia el cielo sobre su cabeza y la tierra bajo sus pies. El Buda sabía que se trataba de un ritual para apartar el mal y preguntó a Sígala:

—¿Por qué realizas esta extraña ceremonia?

—¿Encuentras extraño que deba proteger mi hogar contra la influencia de los demonios? Sé que tú, oh Buda, crees que los conjuros de nada sirven, pero yo sé que al efectuar este ritual estoy honrando a mi padre y manteniendo sus sagradas instrucciones.

—Haces bien, Sígala, en honrar a tu padre y mantener sus instrucciones. Y es deber tuyo proteger tu hogar y a tu familia. No veo nada malo en que hagas el ritual de tu padre, pero no creo que comprendas la ceremonia. Permíteme que, como padre espiritual tuyo, te la explique:

»Proteger tu hogar mediante misteriosas ceremonias no basta, debes también protegerlo a través de las buenas acciones. Con las buenas acciones acumuladas debes volverte hacia tus padres, al este; hacia tus maestros, al sur; hacia tu mujer e hijos, al oeste; y hacia tus amigos, al norte. Debes venerar al espíritu que hay en el cielo, sobre tu cabeza, y a todos aquellos que te sirven, que están en la tierra. Esta es la real protección que tu padre quería que tuvieras, y cuando realices este ritual lo recordarás.

Entonces Sígala contempló al Buda como si fuera su propio padre y dijo:

—Nunca supe lo que estaba haciendo, pero ahora lo sé.

Májjhima Nikaya

La mente intensamente luminosa nunca está ausente, sino tan solo empañada por los pensamientos y las emociones con que la gente la cubre. Si pudierais ver la luminosa libertad de esta mente, la cultivaríais antes que cualquier otra, manteniéndola libre de cualquier apego.

Angúttara Nikaya

Un soldado se acercó al Buda y le preguntó:

—Algunos dicen que niegas la existencia del alma. ¿Es cierto o no son más que mentiras?

El Buda contestó:

—Por un lado están diciendo la verdad, pero por otro, no. Yo enseño que no existe una realidad separada que sea el yo. Por otro lado, enseño que existe una percepción. Aquel que considera el alma como la mente perceptiva y dice que la percepción existe, enseña la verdad y conduce a la claridad y a la Iluminación.

El soldado preguntó:

—¿Crees, pues, que existen ambas cosas? ¿El mundo que percibimos con nuestros sentidos y la mente?

El Buda contestó:

—Esto es lo que digo: tu mente es espiritual, así como también lo es el mundo percibido por los sentidos. El espíritu es eterno y domina toda la existencia como la gran ley que guía a todos los seres en su búsqueda de la verdad. Cambia la burda naturaleza en mente, y no hay ningún ser que no pueda ser transformado en un recipiente de la verdad.

Brahmajala Sutra

El hecho de reflexionar sobre el inicio y el fin de las cosas hace que uno se sienta feliz al ver la ilimitada alegría de los mundos más allá de los mundos.

Observad vuestra propia mente perceptiva, intrínsicamente pura, y despertad. Contemplad la pureza en la que se basa el mundo y corregid vuestros errores. Mirad dentro de vosotros y encontrad la felicidad. No dudéis más.

Cuando hayáis dejado de depender del nombre y de la forma, os convertiréis de veras en buscadores de la verdad.

Sois el amo y también el camino. ¿En qué otra parte podríais buscar? Al igual que un mercader doma a un caballo noble, debéis domaros a vosotros mismos.

El buscador que confía en el camino irá más allá de él y hallará el fin del sufrimiento.

El buscador que va más allá del camino ilumina al mundo, al igual que la luna brilla mientras se desliza tras las nubes.

Dhammapada

Son diferentes los vientos que llegan de distintas direcciones. Algunos son claros, otros acarrean polvo, algunos son fríos o cálidos, vientos huracanados o suaves brisas. Las sensaciones surgen en el cuerpo del mismo modo: son agradables, desagradables o neutras. Cuando un meditador considera las sensaciones como si fueran vientos que vienen y van, claros o polvorientos, violentos o suaves, las entenderá del todo y ya no dependerá de ellas. Cuando entienda las sensaciones perfectamente, verá más allá de este mundo condicionado.

Samyutta Nikaya

Vacía, serena y carente de yo
es la naturaleza de todas las cosas.
En realidad no existe
ningún ser individual.
No hay un final ni un inicio,
ni curso medio alguno.
Todo es una ilusión,
como en una visión o un sueño.
Todos los seres en el mundo
están más allá del reino de las palabras.
Su última, pura y verdadera naturaleza
es como la infinidad del espacio.

Prajñaparamita

Aquel cuya mente conoce la claridad de la perfecta sabiduría nunca tiene miedo ni está inquieto. ¿Por qué? Porque al unificarse con el vivo poder de la sabiduría, madre de todos los budas, tiene fuerza para permanecer en un estado de individida contemplación incluso mientras se dedica sin cesar y hábilmente a la acción compasiva. El sabio puede actuar porque se concentra en una única plegaria: «Que nunca abandonen los seres la senda de la Iluminación, su propia y verdadera naturaleza vacía de la existencia de un yo separado».

Prajñaparamita

A aquel que está fuertemente apegado a la caverna del cuerpo le costará mucho desprenderse de ella. A los que ansían constantemente el placer les costará liberarse de él y lo cierto es que no podrán ser liberados por otros, sino solo por ellos mismos. A veces es únicamente la muerte la que nos hace comprender la impermanencia; y el sensual, inmerso profundamente en el cuerpo, gritará entonces: «¿Qué me ocurrirá después de la muerte?».

El camino hacia la liberación consiste en aprender a vivir en el presente sin querer llegar a convertirse en nada. Renunciad a ser esto o aquello, vivid sin deseos, y experimentad el momento presente con plena atención. Si así lo hacéis no os encogeréis cuando llegue la muerte ni desearéis renacer.

Sutta Nipata

Un interpelante preguntó al Buda:

—Me gustaría que me hablaras del estado de paz, del estado de soledad y de sereno desapego. ¿Cómo puede una persona volverse serena, independiente y no desear apegarse a nada?

—Lo logra —contestó el Buda— erradicando la ilusión de «yo soy». Manteniéndose alerta y atenta, empieza a desprenderse de los vehementes deseos a medida que van surgiendo. Pero cuando empiece a conseguirlo, debe tener cuidado de no enorgullecerse interiormente. Debe evitar pensar que es mejor, peor o igual que otro, ya que todo esto son comparaciones que aumentan el yo.

»Dicha persona debe buscar la paz en su interior y no contar con encontrarla en ninguna otra parte. Ya que cuando alguien está interiormente sereno, el yo no puede estar presente. En el fondo del océano no hay olas y este está tranquilo y calmado. Con una persona tranquila ocurre lo mismo. Está serena y no desea apegarse a nada. Ha abandonado la base del yo y ha dejado de acumular orgullo y deseo.

Sutta Nipata

He enseñado el camino sin hacer ninguna distinción entre las enseñanzas interiores y las exteriores. Ya que por lo que respecta a la verdad no debe haber tal cosa como el «puño apretado» del maestro ocultando algún conocimiento esencial al alumno. Los secretos son la marca de las doctrinas falsas.

Digha Nikaya

Magandiya preguntó al Buda:

—¿Cuál es tu punto de vista, tu modo de vivir y tu destino futuro?

El Buda contestó:

—Estudiando las opiniones a las que la gente se aferra, yo no digo «declaro esto» o «declaro aquello». Observando todas las opiniones humanas, pero sin apegarme a ellas, he buscado la verdad y he hallado la paz interior.

—¿Pero cómo describiría una persona sabia la paz interior que has encontrado sin referirse siquiera a uno de los sistemas especulativos y sin adoptar una sola de las opiniones humanas a las que tú no te apegarías?

—Uno no alcanza la paz mediante las especulaciones, la tradición, el conocimiento, el ritual o los puntos de vista, ni tampoco sin la ayuda de cualquiera de ellos. Usando estos factores como medios sin apegarse a ellos como fines en sí mismos, uno halla la paz y la claridad.

—Pero si dices que la claridad no se alcanza con la tradición ni los puntos de vista y que, no obstante, no puede alcanzarse sin ellos —persistió Magandiya—, entonces me parece que lo que dices no tiene sentido. La mayor parte de la gente cree que la claridad procede de los puntos de vista.

—A causa de tu propio punto de vista fijo no cesas de formular estas preguntas —contestó el Buda—, estás obsesionado con tus ideas preconcebidas y te aferras a ellas. No creo que hayas oído nada de lo que te he dicho, por eso te parece que no tiene sentido. Estás buscando algo superior. Pero para el que ha hallado la claridad no existen tales pensamientos de superior, igual o inferior, porque pensar de este modo es entrar de inmediato en un debate. ¿Por qué debería la persona sabia argumentar diciendo «Esto es verdad» o «Esto es mentira»? Y si no alberga tales pensamientos de igual o desigual, ¿con quién va a discutir?

»Aquel que vaga independiente del mundo, libre de opiniones y puntos de vista, no se aferra a ellos ni entra en disputas ni polémicas. Del mismo modo que el loto se eleva con su tallo sobre el barro y el agua sin ensuciarse, el sabio habla sobre la paz sin enlodarse con las opiniones del mundo.

Sutta Nipata

¿Qué significa la no dualidad, Mahamati? Significa que la luz y la sombra, lo largo y lo corto, lo negro y lo blanco, pueden solo experimentarse en relación el uno con el otro; la luz no es independiente de la sombra, ni lo negro de lo blanco. No son opuestos, solo guardan una relación entre ellos. Asimismo, el nirvana y el mundo ordinario del sufrimiento no son dos cosas distintas, sino que están relacionadas entre sí. El nirvana solo existe cuando hay el mundo del sufrimiento; el mundo del sufrimiento no es distinto del nirvana. Ya que la existencia de uno no implica la exclusión del otro.

Lankavatara Sutra

Punnaka, el estudiante, preguntó al Buda:

—¿Por qué los hombres sabios del mundo, sacerdotes, gobernantes y otros, siempre ofrecen sacrificios a los dioses?

El Buda contestó:

—Hacen ofrendas a los dioses porque a medida que envejecen desean que su vida no cambie y no tener desgracias.

—Pero Buda —preguntó Punnaka—, hacer estas ofrendas ¿los ayudará a no envejecer?

—Sus oraciones, alabanzas, ofrendas y deseos están fundamentados en las posesiones, las recompensas y los vivos deseos de placer. Estos expertos en oraciones ansían seguir deviniendo. Pero envejecerán igualmente.

—Te ruego que me digas, Buda, si todas las ofrendas de estos expertos no les sirven para trascender la vejez, ¿quién ha logrado trascenderla?

El Buda dijo:

—Cuando una persona ha comprendido totalmente el mundo, de arriba abajo, cuando no hay nada en el mundo que pueda ya agitarla, se ha convertido entonces en alguien libre de la confusión, los miedos, la agitación y los vivos deseos. Ha trascendido la vejez, el nacimiento y la muerte.

Sutta Nipata

Le preguntaron al Buda:

—¿Hasta qué punto puede hablar una persona de la senda?

Él respondió:

—Si alguien enseña la senda con la intención de trascender la tiranía de las cosas materiales y enseñar cómo ir más allá de los sentimientos, las percepciones, los impulsos y la conciencia (enseñando el desapego con relación a estos), de esta persona puede decirse que habla de la senda. Si él mismo está intentando trascender la atracción del mundo material y no sentirse apegado a él, en tal caso es correcto decir que está viviendo de acuerdo con el camino. Si se libera por su trascendencia y desapego, se puede decir que ha encontrado el nirvana aquí y ahora.

Samyutta Nikaya

Sariputra preguntó:

—Cuando un seguidor alcanza la gran visión de la perfecta sabiduría, ¿codicia y cultiva este seguidor la omnisciencia, el conocimiento infinito?

El Buda contestó:

—Semejante seguidor nunca codicia o cultiva el infinito conocimiento. La misma actitud de no codiciar ni cultivar se lo revela todo y ve que todas las estructuras posibles, desde los objetos de los sentidos a los budas, son transparentes en su naturaleza. Esta radiante transparencia es, de hecho, simplemente el pleno Despertar de un buda. El seguidor que ahora ha despertado se sumerge así en la infinita sabiduría y florece espontáneamente como la propia omnisciencia.

Prajñaparamita

Describiendo su Despertar, el Buda dijo:

—¡Llegar a ser, llegar a ser! ¡Dejar de ser, dejar de ser! Con este pensamiento, monjes, surgió en mí una clara visión de las cosas después de aparecer en mi mente. Surgió el conocimiento de tal es la forma, tal es el origen de la forma y tal es su disolución. Reconocí de pronto: así es como se produce el origen y la desaparición. Y también surgió un estado en el que comprendí el origen y la desaparición.

Samyutta Nikaya

EL CUERPO Y LA MENTE

DIJO ANANDA:

—Entablar amistad con lo hermoso, asociarse con lo hermoso, intimar con lo hermoso, es ya la mitad de la vida santa.

El Buda respondió:

—No digas esto, Ananda. No constituye la mitad de la vida santa, sino toda ella. Aquel que haya sido bendecido con lo hermoso desarrollará una manera correcta de ser, un pensamiento que habrá dejado de apegarse a lo falso, una meta llena de interés y a punto, y una contemplación desapegada y libre. Asociarse con aquello que es hermoso es la totalidad de una vida santa.

Samyutta Nikaya

Rohitassa preguntó:

—Mientras uno sigue el sendero, ¿puede encontrar algún lugar en el que no haya nacimiento, vejez, decrepitud, muerte ni un nuevo renacer? A lo largo del sendero, ¿hay algún lugar donde uno pueda ver el final de la existencia o alcanzar dicho final?

—No, amigo mío —contestó el Buda—, no existe ningún lugar de esa naturaleza. Cuando estás siguiendo el sendero, no puedes conocer, ver, ni alcanzar el final de la existencia. Sin embargo, puedes poner fin a tus problemas y congojas, en realidad, puedes hacerlo aquí y ahora. Ya que en este mismo cuerpo, con su metro ochenta de alto, con todas las impresiones que recibe a través de los sentidos, con sus pensamientos e ideas, aquí, te declaro, se encuentra el mundo, el origen del mundo y el final del mundo, y también el camino que conduce a ese final.

El final del mundo no se alcanza viajando,
sin embargo, no podrás liberarte del dolor
a no ser que intentes alcanzar el final del mundo.
Aquel que es sabio y lleva una vida compasiva,
empieza a conocer el mundo. Alcanzará el final
del mundo.
Y habrá dejado entonces de ansiar este mundo
o cualquier otro.

Angúttara Nikaya

Os enseñaré el Todo. Escuchad atentamente mis palabras. ¿Qué es el Todo? Son los ojos y el objeto visible, los oídos y el sonido, la nariz y el aroma, la lengua y el sabor, el cuerpo y los sentimientos, la mente y las ideas. Esto es el Todo.

Si alguien dice: «Este Todo no basta, proclamaré otro Todo», ¿dice algo posible? El que esto afirma quizá lo crea factible, pero no podrá mostrar otro Todo.

Samyutta Nikaya

En el Himalaya hay un país agreste y difícil de cruzar, donde no pueden vivir ni monos ni humanos. Y hay otro en el que pueden vivir los monos pero no los humanos. Y hay, además, preciosos valles donde pueden vivir tanto los monos como los humanos.

En esos valles los cazadores ponen trampas de brea pegajosa entre los árboles habitados por los monos para capturarlos. El mono que está libre de curiosidad y codicia, cuando ve la trampa se mantiene alejado de ella. Pero un mono tonto y codicioso se acercará y la tocará con la mano. Inmediatamente quedará esta pegada. La agarrará con la otra, pero también quedará adherida. Para liberar ambas manos intenta usar los pies, y al quedar asimismo pegados, utiliza la boca. Cuando queda pegado por estas cinco partes se tiende en el suelo y aúlla. El cazador al oírlo se acerca y acaba con él.

Lo mismo le ocurre a aquel que vaga por lugares equivocados. ¿Cuáles son los lugares equivocados? Apegarse a los placeres de los cinco sentidos y dejarse atrapar y esclavizar por ellos es un lugar equivocado; esta esclavización va más allá de las necesidades y el ámbito de una vida.

Debéis vagar por lugares que sean vuestros, que surjan de acuerdo a vuestra propia naturaleza.

¿Y qué clase de lugar es el vuestro? Es aquel en el que pastan la ferviente claridad y la plena consciencia, donde el descontento y la codicia son abandonados por el bien del mundo. Ese es vuestro lugar, vuestro ámbito natural.

Samyutta Nikaya

Hay una condición universal que he penetrado y comprendido. Habiéndola comprendido, puedo ahora declararla, enseñarla, definirla y exponerla para que puedan todos a su vez comprenderla.

¿Cuál es esa condición mundana?

El cuerpo es la condición mundana. Y con el cuerpo y la forma vienen los sentimientos, la percepción, la conciencia y las actividades realizadas en el mundo. El origen y la cesación de la forma —todo cuanto ha sido oído, sentido, conocido, pensado y comprendido a través de la mente—, todo esto es el mundo encarnado, que debe ser comprendido y penetrado.

Samyutta Nikaya

Del jazmín han brotado hoy flores nuevas
y han caído las flores marchitas de ayer.
Desprendeos, pues, de vuestros viejos deseos y odios.

Serenos en cuerpo, palabra y mente,
tras abandonar todos los vehementes deseos
del mundo
os descubriréis tranquilos.

Disponeos a examinaros,
manteneos atentos y concentrados,
proteged este ser y vivid felizmente.

Dhammapada

Cuando las causas y condiciones son suficientes, los ojos están presentes. Cuando las causas y condiciones son insuficientes, los ojos están ausentes. Lo mismo ocurre con el cuerpo y la conciencia, la mente y la percepción.

Sutra del Diamante

Dejad que os hable del camino medio. Cubrirse con prendas toscas y sucias, dejarse el cabello largo y enmarañado, evitar comer cualquier tipo de carne o de pescado, no purifica al que está sumido en la ignorancia. Mortificar la carne con excesiva dureza no lleva a triunfar sobre los sentidos. Cualquier sufrimiento que uno se inflija es inútil mientras domine el sentimiento del yo.

Debéis dejar de implicaros con vosotros mismos y comer y beber luego de manera natural, de acuerdo a las necesidades de vuestro cuerpo. El apego a vuestros apetitos —ya sea privándoos de ellos o excediéndoos en ellos— puede conduciros a la esclavitud, pero satisfacer las necesidades de la vida diaria no es malo. En realidad, vuestro deber es mantener el cuerpo sano, ya que de lo contrario la mente no tendrá fuerza ni claridad.

Este es el camino medio.

Discurso II

La gente que no sabe no significa que sea tan ignorante como las vacas y las cabras. Incluso esta clase de personas busca un camino que conduzca a la realidad. Pero, al buscarlo, malinterpretan a menudo lo que encuentran. Persiguen nombres y categorías en lugar de ir más allá del nombre para alcanzar lo que es verdadero.

Digha Nikaya

Un día un discípulo brillante e inteligente del Buda preguntó si podía llevar a su hermano más pequeño para que se uniera a la orden. Encantado, el Buda aceptó.

Pero el hermano menor, aunque era bondadoso y dulce, resultó ser lento y de escasa agudeza. No podía comprender nada de los estudios y dijo que deseaba volver a casa para no malgastar el tiempo del Buda ni decepcionar a su hermano.

—No has de darte por vencido —dijo el Buda—. No debes abandonar tu búsqueda de la liberación solo porque te parezca que te falta agudeza. Olvida toda la filosofía que has recibido y en su lugar repite un mantra que ahora te daré. —Entregó al joven monje un mantra y lo despidió afectuosamente.

Pero al cabo de poco tiempo el monje estaba de vuelta, esta vez sintiéndose más humillado si cabe.

—Mi querido Buda, he olvidado el mantra que me diste y no puedo practicarlo.

El Buda se lo volvió a repetir amablemente. Pero el joven regresó en otras dos ocasiones porque cada vez lo olvidaba. Así que el Buda le dio una forma simplificada. Pero cuando se le volvió a ir completamente de la cabeza apenas se atrevía a visitar de nuevo al Buda.

—Hay una versión incluso más corta —le dijo el Buda con una sonrisa—. Son solo dos sílabas. Prueba a ver si puedes recordarla.

Pero no fue capaz. En su cabaña se vino abajo y se echó a llorar. Su hermano, al enterarse, se puso furioso, ya que sentía que había mancillado su reputación. Le dijo al joven monje que volviera a casa, de modo que el muchacho dejó la cabaña y emprendió tristemente el camino de vuelta.

Al acercarse a una arboleda se encontró con el Buda que salía de ella. El Buda le sonrió y le cogió de la mano. Juntos fueron a un templo donde dos monjes ancianos estaban barriendo el suelo. El Buda les dijo:

—Este joven monje vivirá con vosotros a partir de ahora. Seguid barriendo, y mientras vuestras escobas se mueven de un lado a otro, repetid el mantra de dos sílabas que ahora os daré. No ceséis de repetirlo hasta que yo vuelva.

El joven monje se sentó y se puso a escuchar el movimiento de las escobas deslizándose por el suelo de un lado a otro. Oyó el ritmo del murmullo del mantra mientras lo repetían una y otra vez. Siguieron haciéndolo durante muchas semanas, y antes de que el Buda regresara, el joven monje había alcanzado la completa liberación y los dos monjes ancianos también.

Májjhima Nikaya

Como vuestra mente no es física,
nadie puede destruirla.
Pero a causa de sus apegos al cuerpo,
el sufrimiento físico puede dañarla.

Bodhicharyavatara

Un jaina argumentó con el Buda:

—Dices que todas las cosas están cambiando y que por lo tanto no existe un yo permanente. Pero al igual que las plantas dependen de la tierra para crecer, una persona es material y también tiene necesidades y sentimientos. De modo que afirmo que esta forma material y todo cuanto tiene que ver con ella es mi yo.

—¿Tienes entonces poder para cambiar tu forma para que sea más larga o más corta? —preguntó el Buda.

—No —admitió el jaina.

—Los objetos materiales ¿son permanentes?

—No.

—En tal caso, ¿es inteligente pensar que los objetos materiales impermanentes, como tu forma, te pertenecen o constituyen tu yo?

—No, sería un error —admitió el jaina—. Perdóname si te he hablado de un modo agresivo. ¿Cómo hacen tus discípulos para alcanzar la comprensión que tú tienes?

—Al haber visto y comprendido directamente todas las cosas, incluso los pensamientos y las emociones, tal como en realidad son, pueden decir: «Esto no es mío, este no soy yo, este no soy yo mismo». De esta forma se liberan de su ignorante apego a ellos mismos.

Májjhima Nikaya

El mundo se percibe con la mente,
en el mundo se actúa por medio de la mente,
y todas las cosas buenas y malas
existen en el mundo gracias a la mente.

Samyutta Nikaya

Un brahmán llamado Sangarava se bañaba cada mañana y cada noche en el río para poder lavar cualquier pecado que hubiera cometido a lo largo del día.

El Buda le dijo:

—Si el hecho de bañarnos pudiera purificarnos de nuestros pecados, en ese caso todas las ranas, tortugas y cocodrilos estarían liberados de los pecados. El verdadero lago en el que hay que bañarse es el lago de la bondad, con la gracia como orilla. Claro y puro, alivia a todo aquel que se sumerge en él. Métete en las aguas de la bondad y aprende a nadar.

Samyutta Nikaya

Este cuerpo no es nuestro ni pertenece a otros. Debe verse como el producto de la totalidad de la historia. Con relación a él una persona sabia reflexionará sobre la naturaleza del condicionamiento, diciendo: si esto se origina, surgirá aquello; si esto no se origina, aquello no surgirá.

Samyutta Nikaya

Hay dos clases de felicidad. Una procedente de una vida sin compromiso de placeres sensuales, y otra procedente de una vida comprometida que avanza hacia una nueva conciencia. De las dos, la felicidad de ir avanzando es mayor.

Angúttara Nikaya

El Buda estaba hablando con Uttara, el joven alumno de un maestro llamado Parasariya.

—Uttara, ¿os enseña Parasariya cómo controlar vuestros sentidos?

—Sí, Buda, nos lo enseña.

—¿Cómo lo hace?

—Nos dice que no veamos las formas materiales con los ojos ni oigamos los sonidos con los oídos. Esa es la forma de controlar los sentidos.

—Pero en ese caso, Uttara, el ciego y el sordo deben tener un absoluto control de sus sentidos, ya que uno no ve y el otro no oye.

Uttara permaneció en silencio.

—Bien, Uttara, Parasariya te enseña este método y aquí enseñamos otro distinto. Deja que te explique lo que enseñamos. Cuando un monje ve una forma con los ojos, normalmente surge un sentimiento de agrado o desagrado. El monje comprende entonces que el agrado o desagrado ha surgido pero que ninguno de los dos es inevitable sino que está condicionado y depende de determinadas causas. De modo que entra en un estado de ecuanimidad y descubre que al hacerlo el agrado y el desagrado desaparecen y ve las cosas tal como son. Así es como controla sus sentidos. Eso es lo que enseñamos.

Májjhima Nikaya

Aquellos que conciben un yo lo ven normalmente de una de estas formas. Creen que el cuerpo es el yo, o que el yo tiene un cuerpo, o ven el cuerpo como parte del yo, o el yo incluido en el cuerpo. Pero en todas estas formas el sentimiento de «yo soy» nunca se abandona, ya que no se ve el origen ni la desaparición, ni cómo actúan las condiciones, sino que se considera el cuerpo y el yo como entidades sólidas.

Sutta Nipata

Un monje llamado Sona, amante de las comodidades, estaba esforzándose intensamente para ser vigoroso física y mentalmente. Pero como no lo lograba le vino el siguiente pensamiento a la cabeza: «Mi familia es rica, quizá pueda disfrutar de mis riquezas y seguir haciendo el bien. ¿Y si dejara mi aprendizaje y volviera a una vida rica pero encomiable?».

El Buda supo lo que le rondaba por la cabeza.

—Sona, ¿acaso no tocabas muy bien el laúd cuando eras un laico?

—Sí, Buda.

—Y qué opinas, Sona, ¿sonaba bien cuando las cuerdas del laúd estaban demasiado tensas?

—En absoluto, Buda.

—Y suponiendo que las cuerdas estuvieran demasiado flojas, ¿piensas, Sona, que sonaría bien el laúd entonces?

—En absoluto, Buda.

—Pero cuando las cuerdas no estaban ni demasiado tensas ni demasiado flojas, sino en el punto medio idóneo, sonaba perfectamente, ¿no es cierto?

—Sin duda, Buda.

—En tal caso, Sona, ten en cuenta que esforzarte demasiado te conducirá a ponerte tenso, y esforzarte poco, a caer en la pereza. De modo que toma la firme determinación de adoptar el camino medio, sin esforzarte ni relajarte demasiado, sino reconociendo que la fe, la energía, la plena consciencia, la concentración y la sabiduría son los frutos de un sereno y ecuánime camino medio.

Sona siguió su consejo y al final alcanzó el Despertar.

Theragatha

Esta mente es como un pez fuera del agua que se retuerce y sacude, sus pensamientos siguen cada uno de sus vehementes deseos.

Semejante mente que divaga es débil e inestable, se siente atraída aquí, allí y hacia todas partes. Qué bueno es controlarla y conocer la felicidad de la libertad.

Y, sin embargo, cuán rebelde es todavía, cuán sutil es la ignorancia de los pensamientos. Serenarlos y dominarlos es el verdadero camino que conduce a la felicidad.

Poniendo una brida a la mente que divaga, aquel que busca la verdad detiene con determinación sus pensamientos. Pone fin a su rápida rebeldía y halla la paz.

Dhammapada

Es difícil nacer como un ser humano, y también lo es vivir como tal. Incluso más difícil es oír hablar del camino, y más aún despertar, levantarse y seguir.

Sin embargo, la enseñanza es sencilla: «Deja de hacer el mal, aprende a hacer el bien. Purifica tu mente. No lastimes a nadie con palabras o acciones. Sé moderado con la comida. Vive en soledad interior. Y busca la conciencia más profunda». Esta es la enseñanza.

Dhammapada

Vuestra mente perceptiva ya es luminosa y brilla intensamente, pero la empañáis con vuestros apegos. Esto no es fácil de comprender y quizá la gente no pueda entenderlo, porque no cultiva su mente perceptiva. Pero la mente, que es luminosa e intensamente brillante, está básicamente libre de cualquier apego, porque estos llegan y se van. Deberíais comprenderlo y, en consecuencia, cultivar la mente perceptiva.

Angúttara Nikaya

El cuerpo, monjes, no constituye un yo. El cuerpo ha evolucionado desde tiempos inmemoriales a partir de causas y precondiciones carentes también de un yo. ¿Cómo podría, pues, ser un yo si ha evolucionado de algo que no constituye un yo? Lo mismo ocurre con los pensamientos y las ideas que se han originado por medio de la influencia de todos los seres a lo largo del tiempo: ¿cómo podrían los pensamientos y las ideas constituir un yo? Del mismo modo sucede con los sentimientos y las percepciones relacionados con el cuerpo y la mente: ¿cómo podrían constituir un yo?

Samyutta Nikaya

Al tocar un laúd, las notas que salen de él no proceden de ningún almacén de sonidos. Cuando la música deja de sonar, no va a ninguna otra parte. Ha surgido de la estructura del laúd y de la interpretación del músico. Cuando la interpretación cesa, la música deja de existir.

Asimismo, los componentes del ser, tanto materiales como inmateriales, surgen, desempeñan su parte y dejan de existir.

Aquello que llamamos una persona es la reunión de cada uno de sus componentes y acciones. Es imposible hallar un yo permanente en ella. Y, sin embargo, resulta paradójico, ya que hay un camino que seguir y un trayecto que debe hacerse pero, no obstante, no hay un caminante. Hay acciones pero no hay un actor. El aire crea movimiento pero no hay viento. La idea de un yo específico es un error. La existencia es la claridad y la vacuidad.

Visuddhi Magga

Si vuestra mente se vuelve firme como una roca
y deja de temblar
en un mundo en el que todo está temblando,
será vuestra mejor amiga,
y el sufrimiento no se cruzará en vuestro camino.

Theragatha

LA CONTEMPLACIÓN

¿Quién trascenderá este mundo? ¿Quién trascenderá el reino de la muerte y también el cielo, con todos sus dioses? ¿Quién encontrará el sendero verdadero y brillante?

Tú lo harás. Al igual que aquel que recoge flores descubre la más bella y singular, tú también reunirás las enseñanzas y trascenderás este mundo.

Cuando comprendas que el cuerpo no es más que la espuma sobre la cresta de la ola, tan irreal como un espejismo, quebrarás las floridas flechas de los vehementes deseos. Sin ser visto, escaparás del rey de la muerte y progresarás.

El aroma del sándalo, de las azucenas y del jazmín no puede viajar en contra del viento, pero tú lo harás. La fragancia de las buenas obras viaja en todas direcciones y llega hasta los confines de la tierra.

Cuán resplandeciente crece el loto en el fango que hay a orillas del camino. Su dulce aroma alegra el corazón.

Asimismo tú, el Despierto, brillarás en la oscuridad que te rodea esparciendo el dulce aroma de tu sabiduría.

Dhammapada

Encontrad un lugar donde podáis estar solos y ejercitaos del siguiente modo: cuando inspiréis, experimentad la inspiración; cuando exhaléis, sed plenamente conscientes de estar exhalando. Valorar y practicar este ejercicio será muy fructífero para vosotros. Sea lo que fuere lo que estéis haciendo y dondequiera que os halléis, encontraréis la estabilidad, la calma y la concentración si sois conscientes de vuestra respiración.

Májjhima Nikaya

Desarrollad una meditación que sea como el agua. Descubriréis si así lo hacéis que los pensamientos e impresiones que se apoderan de vosotros se irán. Al igual que la gente limpia sus líquidos corporales, el sudor y la saliva, el pus y la sangre, y, sin embargo, el agua no se afecta ni se llena de aversión, esta agua de la meditación os aportará la paz.

Májjhima Nikaya

Un hombre preguntó perplejo al Buda:

—He oído que algunos monjes meditan esperando sacar fruto de ello, que otros lo hacen sin esperar nada a cambio y que a otros les es indiferente el resultado. ¿Qué es lo mejor?

El Buda respondió:

—Al margen de que mediten con determinadas expectativas o sin ellas, si sus ideas y métodos son equivocados, no obtendrán fruto alguno de la meditación. Reflexiona acerca de ello. Supón que una persona desee hacer un poco de aceite y ponga arena en un cuenco y luego le añada sal. Por más que la prense, no obtendrá aceite, ya que no usa el método adecuado. Otra necesita leche y empieza a tirar de los cuernos de una vaca joven. Dejando a un lado que tenga o no alguna expectativa, no sacará leche de los cuernos porque no usa el método adecuado. O si otra llena un bote de agua y la bate para hacer mantequilla, solo conseguirá agua.

»Pero si alguien medita con una sana actitud, con la debida atención y plena consciencia, independientemente de que tenga o no expectativas, obtendrá una clara visión. Es como llenar un cuenco de semillas y prensarlas para sacar aceite, u ordeñar una vaca tirando de las ubres, o llenar un bote con crema de leche y batirla, todo ello constituye el método correcto.

Májjhima Nikaya

Así es como debéis meditar. El mundo es una idea de la mente, ella le ha adjudicado la palabra *mundo.* Más allá de esta idea está el misterio de la existencia. Pero como sin los métodos apropiados es imposible liberar a la gente del apego a su idea —a aquello que les impide ver la realidad—, debéis recorrer el sendero del perfecto dar, de la paciencia, la energía, la meditación y la sabiduría. Sin embargo, mientras realicéis estas actividades, debéis ser conscientes de que el mundo es ilusorio. Es en beneficio de los que no saben que os dedicáis a una labor dinámica y vigorosa, y además a la meditación y a la atención en una sola dirección. Comprendiendo que sin sabiduría no podéis hacer nada por los demás, os mantenéis en la perfección de la sabiduría, que es saber que lo que estáis haciendo es a la vez esencial e ilusorio.

Prajñaparamita

Es necesario cultivar algún tipo de disciplina mental, ya que una mente indisciplinada siempre encuentra excusas para actuar de manera egoísta e irreflexiva. Cuando la mente es indisciplinada, el cuerpo también lo es, así como la palabra y la acción.

Angúttara Nikaya

Subhuti dijo:

—Si lo he entendido correctamente, el que desea alcanzar la perfecta sabiduría debe estudiar el modo de ser de las cosas en el mundo y practicar por entero y profundamente las perfecciones pero sin creer que en el fondo son reales y sin desarrollar a partir de ellas conceptos ni doctrinas.

El Buda contestó:

—Así es, Subhuti. El que contempla la existencia de esta forma conoce la naturaleza de lo condicionado y de lo incondicionado y se convierte en un experto en señalar la verdad a los demás, tanto con palabras como sin ellas.

Subhuti preguntó:

—Pero ¿esto es solamente para el sabio y el inteligente?

—En absoluto —contestó el Buda—. Está abierto a todos, incluso a los de escasa agudeza mental y a los incapaces de prestar atención. La puerta está abierta a quienquiera que desee recorrer este camino, pero no al perezoso e indiferente.

Prajñaparamita

Efímero es este mundo,
el crecer y el decaer son su naturaleza.
Las cosas surgen y de nuevo cesan,
qué maravilla y paz tan gozosa.

Nidana Vagga

Cuando se está pensando en algo, sucede a veces que surgen en la mente pensamientos malos y nocivos conectados con el odio y la ignorancia. La manera de librarse de ellos es concentrarse en otra cosa que sea saludable y buena. Al igual que un carpintero hábil saca una estaquilla burda con otra fina, los pensamientos malos desaparecerán. Y con su partida, la mente se volverá serena, unificada y concentrada una vez más.

Májjhima Nikaya

Este es el camino,
ya que ningún otro conduce
a la pureza de visión.
Si lo seguís,
pondréis fin a vuestro sufrimiento.
Como he aprendido a eliminar
las espinas de la ignorancia, he revelado el camino.
Pero sois vosotros los que debéis siempre esforzaros,

los budas solamente enseñan.
Los que caminan en contemplación,
se liberan de las ataduras a sí mismos.

Dhammapada

El Buda dijo a sus monjes:

—Es la temporada de las lluvias y deseo vivir en soledad durante estos tres meses. Me gustaría que solo me visitara aquel que ha de traerme la comida.

Al final de los tres meses dijo:

—Monjes, si aquellos de otras creencias os preguntaran: «¿Qué meditación ha practicado el Buda durante la estación de las lluvias?», debéis decir: «Se ha dedicado a practicar la meditación de ser consciente de la inhalación y la exhalación». Así ha sido, monjes, ya que he permanecido inspirando y exhalando el aire conscientemente. Cuando inspiraba de manera profunda, sabía que lo hacía con profundidad; y cuando hacía una larga exhalación, lo sabía de igual modo. Lo mismo ocurría cuando la respiración era breve, sabía cuándo entraba el aire y cuándo salía. Con plena atención, era consciente de todo el proceso.

»Del mismo modo he practicado también la contemplación del cuerpo. Mientras estaba de pie, sabía que estaba de pie; mientras estaba sentado, sabía por completo que estaba sentado; y cuando estaba tendido, tenía la plena experiencia de estar tendido. Al experimentar cada momento, mi mente dejaba de aferrarse al mundo.

»Ser consciente de la inhalación y la exhalación del aire, contemplar el cuerpo y tener conciencia del momento es una noble tarea y un sendero sublime que conduce a la independencia de la mente y a la sabiduría.

Samyutta Nikaya

La realidad tal como es se convierte en la visión correcta del meditador. Reflexionar en ella tal como es se convierte en el pensamiento correcto. Ser consciente de ella tal como es se convierte en la atención correcta. Concentrarse en ella tal como es se convierte en la concentración correcta. Las acciones del cuerpo y la palabra se alinean entonces con la realidad tal como es. De este modo el meditador se desarrolla y se realiza.

Májjhima Nikaya

Purna, uno de los monjes del Buda, deseaba enseñar meditación al Sol Occidental, un pueblo salvaje y peligroso. Al Buda le pareció que semejante idea era demasiado temeraria, pero puso a prueba a Purna.

—Pero Purna, esas personas son violentas, crueles y feroces. Cuando se enojen y te maldigan, ¿qué pensarás?

—Pensaré que básicamente son bondadosas y buenas aunque me insulten. Y que, al menos, no me han golpeado ni apedreado.

—Pero supón que te golpean y apedrean, ¿qué pensarás entonces?

—Pensaré que son bondadosas y buenas, ya que al menos no me han agredido con garrotes ni espadas.

—¿Y si te atacan con garrotes y espadas?

—Pensaré que son bondadosas y buenas por liberarme de este desafortunado cuerpo.

—Oh, muy bien, muy bien, Purna. Con tan perfecta y santa paciencia no cabe duda de que puedes partir para vivir entre esa gente violenta. Ve, Purna, quién sabe, quizá seas capaz de liberar a algunos y mostrarles el camino hacia la libertad.

Májjhima Nikaya

Uno no debe imaginar que es uno con los ojos, ni que es independiente de ellos, ni que le pertenecen. Con los oídos y los demás sentidos, incluyendo la mente, ocurre lo mismo. Tampoco debe imaginar que es idéntico al mundo, que forma parte de su contenido, que es independiente de él o que le pertenece.

Así, libre de este tipo de imaginaciones, deja de aferrarse a las cosas de este mundo. Cuando uno ha dejado de aferrarse, ya no experimenta más agitación, inseguridad ni preocupaciones. Al dejar de estar preocupado, puede llegar a las profundidades de uno mismo y comprender que allí donde antes se perdía, ahora se realiza.

Samyutta Nikaya

Aquel que desee escapar de la duda,
debe mantenerse atento y alerta;
observando tanto la mente como el cuerpo,
debe ver las causas y los orígenes.

Patisambhida Magga

En medio de la penumbra y la oscuridad de la noche, cuando aparece un súbito destello de luz, una persona reconocerá los objetos; de igual modo, aquel que experimenta un destello de clara visión percibe las cosas de acuerdo a la realidad: «Así es como el pesar actúa; así es como surge; así es como cesa; este es el camino que conduce a esa cesación».

Angúttara Nikaya

Cuando contempláis el cuerpo entrando en él, no debéis haceros ninguna clase de ideas sobre este; lo mismo ocurre cuando contempláis los sentimientos al entrar en ellos, debéis penetrarlos sin albergar ninguna idea; y también debéis actuar del mismo modo al contemplar la mente al entrar en ella y al contemplar los pensamientos al entrar en ellos. Los pensamientos deben ser solamente los objetos de la mente y no debéis dedicaros a formar ningún hilo de ideas conectadas con ellos. Así, al dejar a un lado las ideas, vuestra mente se tranquilizará y se centrará en un punto, entrando entonces en una meditación extática y gozosa carente de pensamientos discursivos.

Májjhima Nikaya

Subhuti, todos los buscadores de la verdad deben generar una intención pura y clara. Y, además, hacerlo con este espíritu: no deben depender de las formas, los sonidos, los olores, el tacto o los objetos de la mente. Y deben generar esta intención sin que su mente permanezca en ningún lugar.

Sutra del Diamante

Subhuti preguntó:

—¿Cómo puede el practicante que desea ayudar a los seres a hallar la Iluminación despertar a la sabiduría completa y perfecta?

El Buda dijo:

—Ese sutil Despertar llega estando atento en cada momento. A través de la atención, uno sintoniza con los modos en que las cosas se manifiestan, como la forma y la conciencia. El practicante despierta a la sabiduría perfecta al liberarse gozosamente de las obsesiones que tiene en forma de hábitos, nombres, experiencias sensoriales, sentimientos personales, y con el terror que le inspira morir y toda la desesperación que ello comporta.

Libre para experimentar el surgimiento de la manifestación y su funcionamiento interdependiente sin verlo como la realidad final, el practicante evita dos errores fundamentales: pensar que este mundo relativo se arraiga en una base sólida, y el error opuesto, creer que las formas manifiestas que vemos son meras ilusiones sin las debidas implicaciones físicas y morales para que la mente fluya.

Prajñaparamita

—Shariputra, ¿se le ha ocurrido pensar a cualquiera de mis seguidores que después de haber conocido la plena Iluminación debería conducir a todos los seres al nirvana?

—No, Honorable.

—Pero podría ser su intención. No deberían centrarse tanto en sí mismos para llegar a creer tal cosa. Una luciérnaga no piensa que la luz que despide pueda iluminar todo el continente de la India, ni siquiera que lo envuelva con su luz. Asimismo, los seguidores no piensan que pueden, después de obtener la plena Iluminación, conducir a los seres al nirvana. Pero el sol, cuando ha salido, irradia su luz sobre toda la India. Del mismo modo, cuando un seguidor que ha despertado está plenamente Iluminado, aun sin intentarlo deliberadamente, conduce a los seres al nirvana.

Prajñaparamita

El sol brilla durante el día y el sabio brilla en su sabiduría. La luna brilla durante la noche y el sabio brilla en su contemplación. Pero el Iluminado brilla día y noche con la luminosidad del espíritu.

Dhammapada

Dhotaka pidió al Buda:

—Deseo tanto oírte hablar que te ruego, Maestro Supremo, me expliques lo siguiente: ¿puede un estudiante que sigue tus enseñanzas hallar el gozo supremo del nirvana?

—Cualquier estudiante que siga mis enseñanzas —respondió el Buda— puede hallar el gozo supremo del nirvana si realmente lo desea y si está libre de conceptos y conoce el modo de ser de las cosas.

—Tengo delante de mí —dijo Dhotaka inclinándose— a un hombre que nada tiene pero que lo ve todo. Te ofrezco todos mis respetos. Te ruego que me liberes de la confusión.

—No es mi práctica liberar a nadie de la confusión —respondió el Buda—. Cuando hayas comprendido las enseñanzas más valiosas, serás capaz de cruzar ese océano.

—Apiádate de mí. Te ruego que me enseñes el camino que conduce al desapego, para que pueda conocer las cosas tal como son y empezar a vivir en la paz e independencia que me liberarán como si viviera en el aire.

—Te explicaré esa paz que no se basa en conceptos ni en expectativas, y que puede alcanzarse aquí y ahora. Cuando la comprendas descubrirás que has dejado de aferrarte al mundo.

»En cada dirección —dijo el Buda—, encima, abajo, alrededor y dentro de ti, ves cosas que conoces y reconoces. Abandónalas. No permitas que la conciencia permanezca en los productos de la existencia y en las cosas que llegan y se van, ya que con esta actitud no tendrás descanso ni alivio alguno. Cuando entiendas que el hecho de dar por sentado que los objetos del mundo son una realidad absoluta que te ata al mundo, este descubrimiento te liberará de depender de los objetos y hará que desaparezcan tus ansias y deseos de un constante devenir. Dejarás entonces de aferrarte al mundo y en lugar de ello te relacionarás con las cosas tal como son.

Sutta Nipata

Tras oír lo anterior, Jatukkani, otro interpelante, preguntó:

—Al igual que el sol controla el mundo con su calor y su luz, tú, Maestro, pareces controlar el deseo y el placer. Mi comprensión es muy limitada. ¿Cómo puedo encontrar y conocer el modo de renunciar a este mundo de nacimiento y decadencia?

El Buda respondió:

—Abandona tu búsqueda del placer. Observa cómo el desprenderte del mundo te aporta una profunda tranquilidad. No hay nada a lo que necesites aferrarte o que debas rechazar. Vive en el presente pero no te apegues a él, así podrás ir de un lugar a otro en paz. Hay un estado de codicia que entra en el individuo y lo domina. Pero cuando esta codicia ha desaparecido, es como un veneno abandonando un cuerpo, y la muerte ya no te provocará más terror.

Sutta Nipata

Un estudiante preguntó:

—Para las distintas personas que han venido a escuchar tus palabras, te ruego que nos expliques cómo has llegado a descubrir y conocer todo cuanto sabes.

El Buda respondió:

—Cuando te alertas a las cosas, es a causa de un vivo deseo de apegarte a ellas. Debes abandonarlas y desprenderte de todo cuanto hay encima, debajo, alrededor y dentro de ti. No importa a lo que te apegues, ya que cuando lo haces estás perdiendo tu libertad. Compréndelo y no te alertes a nada. Dejarás entonces de ser una víctima del apego, amarrada al poder de la muerte.

Sutta Nipata

Tras oír lo anterior, Upashiva, otro interpelante, preguntó al Buda:

—Para mí no es posible cruzar el gran océano del

deseo sin ayuda. Te ruego que me digas qué es lo que me ayudará a cruzarlo.

El Buda le dijo:

—Hay dos cosas que puedes usar para ello. Una es la percepción de que la vacuidad existe, y la otra saber que en realidad todas las cosas son vacías y maravillosas.

—Gran Maestro —dijo Upashiva—, cuando uno se libera del apego y de los vehementes deseos, cuando se ha desprendido de todo y depende de la vacuidad, ¿mantendrá siempre este estado?

—Cuando estás libre del vivo deseo de experimentar placeres sensoriales y eres consciente de la vacuidad, alcanzas la libertad suprema y este estado no cambiará. Es como una llama apagada por una ráfaga de viento. En un abrir y cerrar de ojos la llama habrá desaparecido. De igual modo, la persona se libera súbitamente y ya no cabe decir nada más. Cuando se abandonan todos los apegos al yo y los fenómenos se perciben vacíos, desaparecen también todas las formas de describir dicho estado.

Sutta Nipata

Meditad sobre aquello que está más allá de las palabras y los símbolos. Renunciad a las exigencias del yo. Al hacerlo viviréis serenamente.

Sutta Nipata

EL PESAR

—¿HE CAUSADO YO mismo mi sufrimiento, buen Buda? —preguntó Kássapa.

—No, Kássapa.

—¿Ha sido otra persona entonces?

—No, Kássapa.

—¿Hemos sido ambos a la vez?

—No, Kássapa.

—¿Ha ocurrido por causalidad?

—No, Kássapa.

—En tal caso, ¿no existe el sufrimiento?

—No, Kássapa, no es que no haya sufrimiento, ya que sí lo hay.

—Bien, entonces, Buda, quizá es que no lo conoces ni lo ves.

—No es que no conozca el sufrimiento o no lo vea. Lo conozco bien y lo veo.

—Pero no has contestado ninguna de mis preguntas, buen Buda, y, no obstante, dices que conoces y ves el sufrimiento. Te ruego que me lo expliques con tus enseñanzas.

—Kássapa, hay dos visiones erróneas. Una dice que uno mismo es el autor absoluto de una acción y de todo el sufrimiento posterior que se causa a sí mismo, y que así ha sido desde el tiempo sin inicio. Otra dice que son las acciones de los demás las que producen nuestro propio sufrimiento. Debes evitar ambas opiniones, Kássapa. Aquí enseñamos otra cosa. Todas las acciones, ya sean las tuyas o las de otro, están condicionadas por la ignorancia, y este es el origen de toda esa gran cantidad de sufrimiento. Al poner fin a la ignorancia que hay en ti, y al mostrarte así a los demás, la sabiduría surge y el sufrimiento cesa.

Samyutta Nikaya

En una casa con el tejado a dos aguas, todas las vigas convergen en la parhilera, se apoyan en ella y se unen por igual en ese punto; del mismo modo, cualquier estado erróneo de la mente se arraiga en la ignorancia, se apoya en ella y se une a ella. Ignorar aquello que es correcto es la causa de las malas obras. Por lo tanto, debéis vivir con plena consciencia y ejercitaros en ello.

Samyutta Nikaya

Del mismo modo que al cortar un árbol con unas raíces muy sanas este vuelve a crecer, cuando no se arrancan las raíces de los profundos y vehementes deseos, el sufrimiento vuelve a surgir una y otra vez.

Dhammapada

El noble sendero es el mejor de los caminos, la liberación de los vehementes deseos es el mejor estado; y aquel que tiene ojos es la persona más feliz.

El noble sendero es el camino que conduce a la liberación de la ignorancia, el que conduce a la claridad.

Aquel que ve este sendero y lo sigue, pone fin al pesar.

Vosotros mismos debéis hacer el esfuerzo; el despierto solo señala el camino. Los que han entrado en él y meditan se liberan de las ataduras de la ilusión.

Todo está cambiando. Surge y desaparece. Aquel que lo comprende se libera del dolor. Este es el sendero luminoso.

Existir es conocer el sufrimiento. Comprendedlo y liberaos de él. Este es el sendero radiante.

No existe un yo distinto del sufrimiento. Aquel que lo entiende se libera. Este es el sendero de la claridad.

Dhammapada

Los que tienen miedo de los sufrimientos del mundo y además temen la muerte, buscan el nirvana. Pero no saben que el mundo, la muerte y el nirvana no son distintos entre sí. Piensan que el nirvana se encuentra destruyendo los sentidos, pero no saben que el mundo de los sentidos es ya un espejismo o un milagro cuando uno ha dejado de agarrarse a él.

Lankavatara Sutra

No hay mayor fuego que la codicia ni mayor crimen que el odio. No hay mayor pesar que estar atado a este mundo ni mayor felicidad que la sabiduría.

La salud es la mayor de las bendiciones; el contento, la mejor riqueza; la confianza, la mejor de las relaciones; el nirvana, la felicidad suprema.

Tras haber saboreado la dulzura de la soledad y el contento interior, aquel que vive siguiendo la ley del universo se libera del miedo y del sufrimiento.

Es un gozo ver esa clase de seres despiertos, y vivir con ellos produce una gran dicha.

Viajar con necios hace que el viaje sea tan largo, difícil y doloroso como si viajásemos con un enemigo. Pero la compañía del sabio es tan agradable como el encontrarse con amigos.

Seguid al sabio, al inteligente y al despierto. Seguidlos como la luna sigue el camino de las estrellas.

Dhammapada

Si deseáis libraros de vuestro enemigo, la verdadera forma de lograrlo es comprender que el enemigo no es más que una vana ilusión.

Kegon Sutra

Preguntó Subhuti al Buda de qué modo las cosas, que parecen ser sólidas y separadas, existen realmente.

El Buda respondió:

—Su verdadera existencia está libre de la ilusión del yo. La apariencia de las cosas y los eventos parece ser sólida y separada a causa de la ignorancia, que proyecta la idea de individualidad del mundo. Los que creen que todo cuanto encuentran y todo cuanto ocurre en su mente es literal y totalmente verdad, están intentando arraigarse en el nombre, la forma y las ideas convencionales, y, por lo tanto, sufren. Se pasan la vida albergando la falsa idea de que para poder existir una estructura debe ser material. Este falso razonamiento les impide ver el funcionamiento transparente, insustancial y, no obstante, correcto de la naturaleza de todas las cosas y procesos. Las personas que están tan ciegas viven dentro de una serie de complejas ideas religiosas o mundanas y emociones, y creen que estas son absolutas y sólidas y, por lo tanto, reales. Proyectan este mundo creado por ellas mismas en las ideas que albergan del pasado, del futuro y del momento presente. Intentan cristalizar la realidad en formas y categorías permanentes, velando así el sendero de la clara visión, el sendero espiritual que revela la claridad y la libertad innatas, y la radiante transparencia de Aquello que Es.

Prajñaparamita

Bhaddiya, un ermitaño, solía caminar por parajes solitarios y sentarse al pie de grandes árboles. A menudo se le oía exclamar: «¡Ah, qué dicha, qué dicha!».

Los monjes, que se lo oían decir constantemente, creían que se refería a la vida de riquezas que había dejado atrás. Comunicaron al Buda lo que pensaban al respecto. Este envió a uno de ellos a buscar a Bhaddiya, y cuando llegó el Buda le preguntó:

—Sueles repetir: «¡Ah, qué dicha, qué dicha!». ¿Por qué razón lo exclamas cuando estás en el bosque?

—Antes, Buda, cuando disfrutaba de una vida regia en el palacio, tenía guardias que me protegían en los alrededores y en los jardines. Pero a pesar de estar tan bien guardado y protegido, me sentía lleno de miedo, de ansiedad, tembloroso y atemorizado. Pero ahora, como ves, vivo en el bosque junto a las raíces de los árboles y en lugares solitarios, y aunque esté solo siento que no hay nada que temer. Estoy lleno de confianza, no tengo miedo alguno y vivo sin problemas, sin estar asustado, con el corazón alegre, sintiendo de manera natural que estoy en casa, como cualquier animal salvaje. Por eso he exclamado: «¡Qué dicha, qué dicha!».

El Buda quiso honrarle con los siguientes versos:

Para aquel que no tiene pensamientos íntimos de ira,
que ha ido más allá de ser alguien, esto o aquello,
que está libre de miedo y es dichoso.
Ni siquiera los dioses pueden obtener tanta serenidad.

Udana Sutta

El Buda estaba impartiendo sus enseñanzas a sus seguidores en el bosquecillo de bambúes, junto a la zona de dar de comer a las ardillas, cerca de la ciudad de Rajgir. Un leproso que vivía de mendigar en la ciudad pasó cerca de la muchedumbre que escuchaba al Buda y al ver a tanta gente reunida creyó que quizá estuvieran dando comida de limosna. Pero al acercarse más, pensó: «No, aquí no regalan comida. Lo que ocurre es que el Buda está impartiendo sus enseñanzas; ya que he venido aprovecharé para escucharlas».

El Buda se preguntaba quién de entre todas aquellas personas era capaz de entender sus enseñanzas. Divisó al leproso, que se había sentado apartado de la multitud, y pensó: «Con las desgracias que ha vivido, él las entenderá». Así que habló sobre las limosnas en forma de comida y sobre la generosidad, sobre los peligros de apegarse a la vida sensual y sobre el gozo que producía liberarse de los dictados del yo. Como vio que el rostro del leproso se suavizaba y adquiría una expresión de júbilo, habló también acerca de las verdades que los despiertos descubren por sí mismos, de cómo surge la vida condicionada y del hecho de romper las ataduras al entrar en lo incondicionado.

Al igual que una impoluta pieza de tela blanca está lista para ser teñida, en la mente del leproso surgió la comprensión pura e inmaculada de lo incondicionado y lo intemporal. Vio que lo que nace debe morir, pero que lo que no nace no muere. Percibió, alcanzó y comprendió la verdad y se sumergió en ella, trascendiendo la duda y liberándose de cualquier pregunta, se levantó con absoluta confianza del asiento y, abriéndose paso entre la multitud, se acercó al Buda y exclamó:

—¡Qué maravilloso! Es como si hubieras levantado a los que han caído, descubierto a los ocultos, señalado el camino a los confusos y llevado la luz en la oscuridad. Acéptame como seguidor tuyo, como alguien que desde este momento hasta el final de su vida tomará refugio en la verdad.

El Buda dijo:

—Tú ya estás preparado para recibir las enseñanzas e iluminar a muchos con tu belleza.

Udana Sutta

El Buda se hallaba cerca de Kosambi. Los monjes de este lugar siempre estaban discutiendo entre sí, peleándose e hiriéndose con duras palabras. Uno de ellos se acercó al Buda y le contó la situación añadiendo:

—Sería bueno que, movido por la compasión, hablaras con esos monjes.

El Buda se aproximó a ellos y les dijo:

—Ya basta, monjes. No quiero ver más disputas, peleas, enfrentamientos ni discusiones.

Pero cuando se fue empezaron de nuevo.

—Por favor, vuelve y quédate un poco —le pidieron—. Tienes un carácter apacible y calmarás la situación.

De modo que regresó una segunda vez e incluso una tercera. Después del tercer intento, se levantó temprano por la mañana, cogió el cuenco y la túnica y se dirigió a Kosambi para mendigar comida. Tras haber almorzado volvió junto a los monjes y les dijo:

—Ninguno de vosotros piensa que es un estúpido cuando os estáis gritando unos a otros a coro. Ni tampoco os paráis a pensar que estáis dividiendo la orden. Con un divagador ingenio, vagáis por el campo de la especulación sin saber ni siquiera adónde vais ni adónde os lleva. Si seguís pensando: «Esa persona me ha insultado», alertándoos a esta idea, vuestra ira nunca se aplacará. Pero si lográis abandonar el pensamiento que os hace montar en cólera, vuestra ira disminuirá. La cólera nunca disipará la cólera, sino que únicamente la recrudecerá más y más. Solo el hecho de abandonarla pondrá fin a un estado tan desastroso. Si incluso los maleantes que mutilan, asesinan y roban pueden ser compañeros entre ellos, ¿cómo no podríais serlo vosotros?

»Encontrad a un amigo con el que entablar amistad y evitad los peligros de lastimar a los demás. Permaneced con vuestro amigo y sed conscientes y dichosos. Si no podéis encontrar ningún amigo, viajad entonces solos. Es mejor llevar una vida solitaria que vivir con un estúpido. Viajad en solitario, sin preocuparos ni hacer el mal, como hace el elefante macho avanzando por la jungla de los elefantes.

Sunnata Vagga

El Buda contó a sus monjes la siguiente historia:

—Un joven viudo se dedicaba por completo a su hijo pequeño. Pero un día, mientras se encontraba lejos trabajando, unos bandidos quemaron todo el pueblo hasta los cimientos y se llevaron a su hijo. Cuando el padre regresó y encontró solo ruinas, quedó destrozado. Creyendo que los restos calcinados de un pequeño eran los de su hijo, organizó una cremación y recogió las cenizas, que a partir de entonces llevaba siempre consigo en una bolsa especial.

»Un día su verdadero hijo consiguió escapar de los bandidos y encontró el camino de vuelta a su antiguo hogar. Su padre había reconstruido la casa. Al llegar a altas horas de la noche y llamar a la puerta, su padre preguntó:

»—¿Quién es?

»—Soy tu hijo. Por favor, déjame entrar.

»El padre, que seguía llevando consigo las cenizas y se sentía irremediablemente triste, pensó que debía ser algún condenado mozalbete que quería gastarle una broma y le gritó:

»—¡Vete!

»El muchacho volvió a llamar a la puerta y le pidió una y otra vez que le dejara pasar, pero el padre siempre respondía lo mismo, y al final el muchacho se marchó y no volvió nunca más.

Después de haber contado esta historia el Buda añadió:

—Si os aferráis a una idea como si fuera una verdad inalterable, cuando la verdad venga en persona y llame a vuestra puerta, no podréis abrir la puerta ni aceptarla.

Udana Sutta

¡Oh monjes! Aunque tengáis una visión pura y clara, si os aferráis a ella, acariciándola y atesorándola, dependiendo de ella y apegándoos a ella, no estaréis comprendiendo que las enseñanzas son como una balsa que os ayuda a cruzar el río, pero que tan pronto llegáis a la otra orilla debéis abandonar en lugar de aferraros a ella.

Májjhima Nikaya

Hay gente que sufre pero que no entiende por qué. No sabe cómo surge el sufrimiento, o cuándo acabará o cómo ponerle fin.

No ha comprendido que el apego es una de las causas del sufrimiento. La gente se apega a las circunstancias y a sí misma. Pero a menudo este proceder provoca una nueva desdicha. Movida por la ignorancia, se apega a las cosas porque está confundida y desorientada, por eso vaga sin cesar. Si pudiera dejar de actuar movida por este impulso, avanzaría hacia el conocimiento, abandonaría el apego y dejaría de sufrir.

El contacto, el punto en el que los sentidos se encuentran con el objeto, resulta fascinante para algunas personas. Es tan excitante y atractivo que se sienten inundadas por oleadas de deseo y son arrastradas a lo largo de un camino sin sentido. Pero al margen de que la sensación sea agradable, desagradable o puramente neutra, uno debe siempre recordar que es una frágil experiencia y que debe ver su inicio y su fin. Esta es la forma de fomentar el desapego.

Todas las cosas gozosas del mundo —los sonidos dulces, las formas bonitas, así como los sabores, las texturas y los pensamientos agradables— aportan felicidad siempre que uno no se apegue a ellas ni intente poseerlas.

Pero si solo las veis como fuentes de placer para vuestro propio uso y satisfacción y no como maravillas pasajeras, os harán sufrir.

Tened presente esta paradoja, ya que, si estáis ciegos al modo en que las cosas son, no podréis hallar nada, aun cuando estéis justo encima de ello.

Las enseñanzas sobre el modo de ser de las cosas no constituyen un camino hacia la Iluminación para aquel que sigue lleno de deseos y todavía ansia ser esto o aquello. Pero quienes las comprendan se convertirán en seres especiales y disiparán las fuerzas de la confusión.

Sutta Nipata

Ajita preguntó:

—¿Qué es lo que asfixia al mundo y lo hace tan difícil de ver? ¿Qué es lo que lo contamina y parece amenazarlo?

El Buda respondió:

—La ignorancia es la que lo asfixia, y la despreocupación y la codicia, las que lo hacen invisible. La sed de los vehementes deseos contamina el mundo y el sufrimiento causa el mayor temor.

Sutta Nipata

—Parece como si ríos de vivos deseos fluyeran en todas direcciones —dijo Ajita—. ¿Cómo podemos levantar una presa y retenerlos? ¿Qué podemos usar para cerrar las compuertas?

El Buda respondió:

—Cualquier río puede detenerse con la presa de la plena consciencia. El interés y la reflexión son los que detienen el torrente. Con la sabiduría puedes cerrar las compuertas.

Sutta Nipata

Si cualquier ermitaño o seguidor no comprende objetivamente que el goce de los placeres de los sentidos no es más que un goce, que la insatisfacción que produce su desaparición no es más que insatisfacción, y que la liberación de su tiranía no es más que liberación, en tal caso no podrá comprender adecuadamente qué es el deseo de placeres sensoriales ni podrá ayudar a nadie a comprenderlo. Pero si comprende objetivamente cómo surgen y desaparecen los placeres sensoriales, la frecuente insatisfacción que producen y el camino que conduce a liberarnos del apego que sentimos hacia ellos, podrá enseñar a los demás cómo lograrlo.

Májjhima Nikaya

Deberíais investigar profunda y directamente el desasosiego de la mente y descubrir qué es lo que ha sido creado y quién es el yo que está sufriendo. Si no lo comprendéis, no podréis desarrollar la claridad ni la capacidad para ayudar a los demás. Una persona puede ser una experta en deshacer nudos, pero si nunca ve que hay un nudo delante de ella, ¿cómo lo deshará? Si no veis con claridad y directamente, estaréis encerrados en el tiempo y el espacio y no podréis liberaros del mundo material.

Surangama Sutra

LA VERDAD

Los kalamas de Kesaputta se acercaron al Buda y dijeron:

—Algunos monjes y maestros que vienen a Kesaputta hablan mucho sobre sus ideas, pero desprecian y hacen añicos las opiniones de los demás. Al oírlos no podemos evitar sentir algunas dudas. Nos preguntamos quién dice la verdad y quién miente.

—Kalamas, es muy bueno que dudéis. Tenéis todo el derecho, ya que tiene que ver con un tema abierto a la duda.

»Así que escuchadme, kalamas. No os guieis por chismorreos ni rumores, por lo que los demás os digan, por lo que oigáis decir, ni siquiera por lo que os diga la autoridad de vuestras enseñanzas tradicionales. No os guieis por el razonamiento, por deducir una cosa de otra, por argumentar sobre los métodos, porque os guste una opinión, por respeto al maestro ni por pensar que él se merece vuestro respeto.

»En lugar de ello, kalamas, cuando sintáis en vuestro interior que ciertas enseñanzas no son buenas, que al ponerlas en práctica os conducen a la pérdida y al sufrimiento, debéis confiar en vosotros mismos y rechazarlas.

Angúttara Nikaya

Sakka preguntó al Buda:

—Los maestros de distintas tradiciones ¿persiguen la misma meta, practican las mismas disciplinas o aspiran a lo mismo?

—No, Sakka, no lo hacen. ¿Por qué? Este mundo se compone de miríadas de distintos estados del ser, y la gente, al adherirse a uno u otro de esos estados, se vuelve obstinadamente posesiva y dice: «Solo esto es cierto, todo lo demás es falso». Es como un territorio que creen que les pertenece. De modo que no todos los maestros religiosos enseñan la misma meta, la misma disciplina ni aspiran a lo mismo.

»Pero si encuentras la verdad en cualquier religión o filosofía, acéptala sin prejuicios.

Digha Nikaya

Alguien preguntó al Buda:

«La vida parece ser un enredo...
Un enredo interior y un enredo exterior.
Como esta generación está totalmente enredada,
desearía preguntar al Buda lo siguiente:
¿Quién logrará deshacer este enredo?»

El Buda contestó:

«Cuando una persona sabia, reflexiva y buena
desarrolle una mayor conciencia,
comprenderá el enredo.
Como seguidor de la verdad, ferviente y sabio,
logrará deshacerlo.»

Samyutta Nikaya

La verdad es noble y dulce; la verdad puede liberaros de cualquier mal. La verdad es la mayor salvadora que existe en el mundo.

Confiad en ella, aunque no seáis capaces de comprenderla, aunque su dulzura tenga un ribete amargo, aunque al principio os haga encoger. Confiad en la verdad.

La verdad es mejor tal como es. Nadie puede cambiarla, ni tampoco superarla. Tened fe en la verdad y vivid en ella.

El yo se encuentra en un estado febril; siempre está cambiando, como un sueño. Pero la verdad es completa, sublime e imperecedera. Solo la verdad es inmortal, puesto que es la única que existe eternamente.

Májjhima Nikaya

De vez en cuando aparece en este mundo alguien que ha percibido la verdad, alguien plenamente Despierto, bendecido por la verdad, que abunda en felicidad, un maestro de sabiduría y bondad, un buda. Por sí solo, conoce y ve totalmente este universo y, al conocerlo, hace que otros adquieran su conocimiento. Proclama la verdad, hermosa en su origen, hermosa en su progreso y hermosa en su consumación. Da a conocer una nueva vida, en toda su plenitud.

Tevigga Sutta

Cuando se estaba muriendo, el Buda dijo a sus seguidores:

—Manteneos firmemente en la verdad como si fuera una lámpara que brilla en la oscuridad. Buscad solo la salvación en la verdad.

»Quienes ahora o después de que yo haya muerto se mantengan firmemente en ella como si de una lámpara se tratase y no busquen la luz en ninguna otra parte, alcanzarán el nirvana.

Májjhima Nikaya

Los que argumentan y discuten sin comprender la verdad están perdidos en medio de todas las formas de conocimiento relativo, corriendo de aquí para allá e intentando justificar sus puntos de vista sobre la sustancia del ego.

Si percibís el yo en vuestra conciencia más íntima, aparecerá en toda su pureza, y ello constituye la matriz de lo maravilloso, cuyo reino no es el de aquellos que viven únicamente a través de la razón.

Pura en su naturaleza misma y libre de las calificaciones de finita e infinita, la Mente Universal es la maravilla inmaculada, que muchos perciben erróneamente.

Lankavatara Sutra

En realidad el Buda nunca ha predicado la verdad, ya que sabe que uno debe alcanzarla en su interior.

Lamkara Sutra

Aquel que ha entrado en un lugar solitario,
cuya mente está en calma y ve el camino,

obtiene la clara visión y la verdad
y una arrobadora alegría que trasciende
a cualquier otra.

Dhammapada

Un brahmán estaba llevando a cabo un ritual de fuego como manifestación de culto. Le dijo el Buda:

—No debes imaginar, brahmán, que la clara visión surja por el mero hecho de ofrecer ramitas a un fuego. Para que tu vida espiritual se enriquezca, no debes confiar en los rituales externos, sino en la verdad que hay dentro de ti. Yo, tras haber abandonado el camino de la acción, enciendo el fuego de mi interior. Aquí, el control de la lengua es la cuchara sacrificial, y el corazón, el altar del fuego.

Samyutta Nikaya

No penséis nunca que yo crea que debo exponer un «sistema de enseñanzas» para ayudar a la gente a comprender el camino. No acariciéis jamás semejante pensamiento. Lo que yo proclamo es la verdad tal como la he descubierto, y «un sistema de enseñanzas» no tiene sentido porque la verdad no puede cortarse en pedazos ni disponerse en sistema alguno.

Sutra del Diamante

Uno de sus seguidores pidió con insistencia al Buda que realizara un milagro para atraer a algunos de los que no creían en él. El Buda le contestó:

—Detesto actuar así y nunca haré ningún tipo de esos milagros llamados de poder mágico y de adivinación. Yo y mis seguidores atraemos a los que no creen en nosotros solo mediante el milagro de la verdad.

Digha Nikaya

Al igual que la palabra *carruaje* es tan solo un medio de expresar de qué modo los ejes, el armazón, las ruedas y los palos están unidos por una determinada relación, pero si los observamos por separado, uno por uno, descubrimos que el carruaje no existe en un sentido absoluto; y al igual que la palabra *casa* es una forma de expresar cómo la madera y los otros materiales mantienen una relación unos con otros en un determinado espacio, pero en un sentido absoluto no existe una casa; y al igual que la palabra *puño* indica la relación existente entre los otros dedos y el pulgar, y la palabra *árbol,* la relación entre el tronco, las ramas y las hojas, etcétera, pero en un sentido absoluto no existe un puño ni un árbol, exactamente del mismo modo las palabras *entidad viva* y *persona* son solamente formas de expresar la relación que existe entre el cuerpo, los sentimientos y la conciencia, pero cuando examinamos los elementos del ser, uno por uno, descubrimos que no existe tal entidad. En un sentido absoluto solo existe el nombre, la forma y el misterio que estos expresan. Ideas tales como «yo» y «yo soy» no son absolutas.

Visuddhi Magga

Aceptad mis palabras solo tras haberlas examinado, no las aceptéis simplemente por la veneración que sentís por mí. Los que solamente tengan fe en mí y me aprecien, no hallarán la liberación suprema. Pero los que tengan fe en la verdad y emprendan con determinación el sendero, hallarán el Despertar.

Májjhima Nikaya

—Monjes, si la gente habla mal de mí, de mis enseñanzas o de nuestra orden monacal, no debéis albergar ningún pensamiento de enemistad o rencor por su mala voluntad, ni siquiera preocuparos. Ya que el hecho de enojaros o disgustaros será a vosotros mismos a quienes más os perjudicará. En realidad, si os enojarais o disgustarais, ¿podríais conocer lo que los demás han hecho con buena o con mala intención?

—No, no podríamos.

—Así que si otros hablan mal de mí, de las enseñanzas o de la orden, debéis aclarar con buena voluntad la falsedad de cuanto han dicho y mostrársela diciendo: «Esto es falso por esta razón; aquello no es cierto por esa otra; esas cosas no ocurren entre nosotros».

Digha Nikaya

De todas las miles y diversas
medicinas del mundo,
no hay ninguna como la medicina de la Verdad,
por tanto, seguidores, bebed de ella.

Dhammapada

Unos pocos cruzan el río hasta la otra ribera. El resto se dedica a ascender y descender por este lado de la corriente.

Pero los que buscan la verdad llegarán a la otra orilla y cruzarán el reino de la muerte, que es tan difícil de atravesar.

Abandonado el camino de la oscuridad, el hombre sabio seguirá la senda de la luz. Renunciando a su seguridad, entrará en la soledad interior, sabiendo que el camino será dificultoso.

Desprendiéndose de los vehementes deseos y liberándose de sus posesiones, el hombre sabio abandonará todos los pensamientos oscuros.

Con la mente llena de interés por la verdad, con energía, concentración y serenidad, sin apegarse a nada y venciendo cualquier pensamiento oscuro, despertará y entrará en el nirvana en este mundo.

Dhammapada

Es bueno que controléis vuestras palabras y pensamientos. Aquel que busca la verdad y tiene el control, se siente libre y alegre. Escuchad a aquel buscador que vigila su lengua y habla sabiamente. Semejante ser es humilde y no se alaba a sí mismo. Sigue la Ley universal en su vida cotidiana. Cuando dominéis vuestra concentración, gozaréis en la soledad interior y en la meditación.

El buscador que ama la verdad y reflexiona siempre sobre ella vive sustentado por la verdad.

Vacía tu barca, tú que buscas la verdad, y viajarás con mayor rapidez. Aligera la carga de los vehementes deseos y las opiniones y alcanzarás antes el nirvana.

Dhammapada

Cualquiera que, incluso por un segundo, sienta una confianza pura y clara al oír la verdad, experimentará una inmensa felicidad. ¿Por qué? Porque en ese momento dicha persona no está atrapada en el concepto de un yo, un ser vivo o una duración de la vida. Ni tampoco en los conceptos del mundo, ni de la nada. No tiene en cuenta la idea de que esto o aquello sea un signo o no lo sea.

Ya que si quedáis atrapados en las ideas, estaréis atrapados en el yo. Y aunque solo estéis atrapados en ideas acerca de la nada, seguiréis atrapados en el yo. Por eso no debemos apegarnos a la creencia de que las cosas existen o no existen. Este es el significado oculto cuando digo que mis enseñanzas son como una balsa que debéis abandonar cuando veáis el verdadero ser.

Sutra del Diamante

Monjes, esta vida de compromiso no se vive para engañar a los demás ni para convertirlos. Ni tampoco para conseguir honor, fama o ganancias materiales. En ella no tiene cabida la idea de «voy a hacer que la gente se fije en mí siendo esto o aquello». No, monjes, esta vida de compromiso se vive para percibir las cosas y comprenderlas.

Itivuttaka Sutta

Alguien preguntó al Buda:

—La gente está obsesionada con sus creencias favoritas. Discute entre sí diciendo: «Si sigues esta verdad te salvarás; si la rechazas estarás perdido». Se pelean de este modo y se llaman estúpido el uno al otro. ¿Quién tiene razón cuando todos pretenden ser unos expertos?

El Buda respondió:

—Bien, si el hecho de disentir denota ser un estúpido, en tal caso todos lo son, ya que cada uno tiene su propio punto de vista. Yo afirmo que nada que conlleve llamar estúpido a otro constituye una verdad, porque significa poseer una «verdad» personal.

—¿Pero por qué esos «expertos» preconizan su opinión y dicen que es la verdad? —preguntó el interpelante—. ¿Esa actitud la han heredado del género humano o tan solo la mantienen porque les produce satisfacción?

—Aparte de la conciencia —respondió el Buda—, no existe una verdad absoluta. Los falsos razonamientos declaran que una opinión es cierta y otra es falsa. El placer que les producen sus queridas opiniones los impulsa a afirmar que cualquiera que no esté de acuerdo con ellas acabará mal. Pero el verdadero buscador de la verdad no se enreda en todo esto. Pasa por ahí tranquilamente y sigue un camino sin tacha, libre de teorías, deseos y dogmas.

Májjhima Nikaya

El errabundo Bhaggava acusó al Buda de decir que el universo se había originado solo casualmente. El Buda contestó:

—Bhaggava, he oído a otros de tu secta decir que cuando yo alcancé el Despertar y descubrí la verdad, que era hermosa, permanecí en ese estado de gozo y luego consideré que el universo era feo y que no tenía sentido comparado con ella.

»Pero yo nunca he enseñado tal cosa, Bhaggava, sino que digo lo siguiente: siempre que uno despierta y descubre lo bello, conoce realmente qué es la belleza.

Májjhima Nikaya

Subhuti preguntó:

—Dices, Honorable, que un seguidor del camino no necesita acumular bondad ni felicidad. ¿Por qué?

El Buda contestó:

—Subhuti, un verdadero seguidor irradia bondad y felicidad sin quedar atrapado en los conceptos de bondad y felicidad. Por eso digo que no necesita acumularlas, en ese caso caería en la trampa de los conceptos, ya que la bondad y la felicidad estarán presentes sin que él abrigue ninguna idea sobre ellas.

Sutra del Diamante

LA VIDA Y LA MUERTE

UN MONJE ERRANTE llamado Vaccha preguntó al Buda si este seguiría existiendo después de la muerte. El Buda contestó:

—Vaccha, estas ideas de si seguiré o no existiendo después de la muerte conducen a densas junglas y áridos desiertos, a enmarañarse, como si uno quedara enredado entre las zarzas. Causan ira, engaño y discusiones y no aportan la paz, el conocimiento o la sabiduría que conduce a la Iluminación. Yo no adopto ninguna de esas ideas.

—¿Tiene el Buda, pues, alguna creencia?

—Vaccha, nada tengo que ver con creencias ni teorías, pero declaro aquello que conozco: la naturaleza de la forma, cómo surge y cómo desaparece; y la naturaleza de la percepción, cómo surge y cómo desaparece. Y al haber abandonado totalmente cualquier fantasía, idea falsa o pensamiento sobre la naturaleza del yo o de cualquier cosa que tenga que ver con él, me he liberado del yo.

—Pero —preguntó Vaccha con insistencia— cuando alguien que ha alcanzado esa libertad de la mente muere, ¿adónde va, dónde renace?

—La palabra *renace* no viene al caso.

—¿Entonces no renace?

—Decir que no renace tampoco viene al caso. Ni tiene sentido afirmar que renace y al mismo tiempo no renace, o que en verdad no renace ni deja de renacer.

—Estoy totalmente sorprendido, Buda, y he perdido la fe en ti.

—No importa que estés sorprendido, ya que esta doctrina es profunda y difícil de comprender. Imagina que hubiera un fuego ante ti. Que ves cómo flamea y sabes que solo puede arder si se le echa combustible. Y después ves que se ha apagado. Si ahora alguien te preguntara en qué dirección ha ido el fuego, al este, al oeste, al norte o al sur, ¿qué responderías?

—Diría, Buda, que esta pregunta no viene al caso, puesto que el fuego depende del combustible, y cuando este se acaba, se dice que el fuego se extingue por falta de alimento.

—Del mismo modo, Vaccha, el cuerpo con el que uno puede ver la verdad morirá, como un abanico de palma, no tiene ningún futuro. Pero la verdad, la existencia de esta en sí misma, seguirá ahí por muy profunda y difícil de comprender que sea. Al igual que el gran océano, no puede sondearse. Por eso no viene al caso decir si renaceré o no renaceré.

Digha Nikaya

La atención es el sendero hacia la verdadera vida;
la indiferencia es el sendero hacia la muerte.
Los que están atentos no mueren;
los indiferentes son como si ya estuvieran muertos.

Dhammapada

Un día Malunkyaputta se acercó al Buda y dijo:

—No nos has dicho si el mundo es o no eterno, si el alma es lo mismo que el cuerpo, o si el yo sigue existiendo después de la muerte. Si puedes explicarme estos puntos continuaré siendo un monje, y si no dejaré la orden.

El Buda le contestó:

—¿Acaso te prometí darte estas explicaciones cuando te uniste a nosotros? ¿O estableciste que debías conocerlas?

—No —confesó Malunkyaputta.

—En tal caso, escúchame. Supón que hubieran herido a un hombre con una flecha y al llegar el cirujano le dijera: «No la saque hasta que sepa quién la ha lanzado, de qué árbol procede, quién la ha fabricado y qué clase de arco se ha usado». No cabe duda de que aquel hombre habría muerto antes de descubrir las respuestas. Del mismo modo, si dices que no seguirás siendo un monje a no ser que te responda todas las preguntas del mundo, lo más probable es que mueras insatisfecho.

»Ser un seguidor de la verdad no depende de ninguna de estas preguntas. Al margen de que el mundo sea eterno o efímero, hay sufrimiento, y yo enseño a comprenderlo. Mis enseñanzas no dependen de si yo seguiré existiendo o no después de la muerte, porque lo que me interesa es el sufrimiento aquí y ahora. Os he explicado a todos vosotros lo que debía explicarse y no he explicado lo que no es relevante para poner fin al sufrimiento y encontrar la felicidad.

Májjhima Nikaya

En cierta ocasión dos brahmanes muy ancianos, ambos rayando los ciento veinte años años, fueron a ver al Buda. Se sentaron ante él y dijeron:

—Somos unos frágiles y ancianos brahmanes. Como no hemos hecho nada noble ni tan solo algo que merezca la pena, ahora nada puede aliviar el miedo que nos suscita la muerte. Te rogamos que nos muestres el camino que conduce a la felicidad.

El Buda respondió:

—Sí, brahmanes, sois en verdad frágiles y ancianos y estáis llenos de temor. Este mundo está inundado de vejez, enfermedad y muerte. Pero si podéis poner en práctica el analizar vuestras acciones, tener un cierto control sobre vuestras palabras y observar vuestros pensamientos, ello os proporcionará un refugio y un albergue.

»Vuestra vida está llegando a su fin. Nadie es inmune a la vejez ni a la muerte. Recordando la muerte y teniéndola presente, haced buenas acciones que aporten felicidad a otros. El que hace buenas acciones y es atento tendrá un cuerpo, una palabra y una mente armoniosos. Descubrirá que no tiene por qué temer la muerte y que esta en realidad produce felicidad.

Angúttara Nikaya

Al margen de que aparezcan o no buenos sabios, hay una condición establecida en la vida: que todos los fenómenos tienen causas, que nacen y que morirán. Todas las cosas condicionadas son impermanentes. Y al margen de que un sabio aparezca o no, esta ley establecida en la vida causa sufrimiento y dolor. Y dejando a un lado que haya o no algún despierto, una tercera condición de la vida es que no existe un yo permanente. Aquel que ha despertado por completo lo comprende y declarará: «Ninguna de las cosas condicionadas constituye el yo».

Angúttara Nikaya

Kutadanta acusó al Buda:

—Me han dicho que enseñas la ley de la vida y el camino y que, sin embargo, desestimas la religión. Tus seguidores desprecian los rituales y abandonan los sacrificios. Pero la reverencia por los dioses solamente puede mostrarse por medio de los sacrificios. La naturaleza misma de la religión es la de la veneración y el sacrificio.

El Buda contestó:

—El sacrificio del yo es superior a masacrar bueyes. Aquel que ofrezca sus malos deseos descubrirá que matar animales para ofrecerlos ante el altar de nada sirve. La sangre no tiene el poder de limpiar, pero abandonar las malas acciones hará que tu corazón sea completo. Seguir el camino de la bondad es mejor que venerar a los dioses.

Digha Nikaya

Moghavagan fue a ver al Buda:

—He venido para hacerte una pregunta, gran sabio. Tengo miedo de la muerte. ¿Hay alguna forma de considerar el mundo para que el rey de la muerte nunca pueda verle a uno?

—Considéralo vacío —contestó el Buda—, esta es la forma de vencer la muerte. Deja de pensar que eres un ente que realmente existe. Si contemplas de este modo el mundo, el rey de la muerte nunca podrá verte.

Sutta Nipata

Un ermitaño, que tenía fama de haberse Iluminado, llegó a la sincera conclusión de que en realidad no había alcanzado la plena Iluminación. Creyó que las enseñanzas del Buda le ayudarían a alcanzarla y viajó cruzando el centro de la India hasta llegar a la ciudad de Savatthi, donde el Buda se alojaba. Una vez allí se dirigió al centro de meditación del Buda y dijo que deseaba verle.

—Ha salido a hacer su ronda habitual para mendigar comida —le dijeron—. Espera aquí y descansa de tu largo viaje, porque podrás verle pronto.

—No puedo esperar —respondió el ermitaño—. Indícame el camino y lo encontraré.

Se puso de nuevo en marcha y llegó al centro de la ciudad. Allí vio al Buda envuelto en una atmósfera de paz y armonía, yendo de casa en casa con su cuenco de mendicante. El ermitaño, arrojándose al suelo y poniéndose de rodillas, abrazó los pies del Buda.

—Tú estás totalmente liberado —dijo al Buda—. Te ruego que me enseñes una práctica que me dé la liberación.

—Con mucho gusto —respondió el Buda—, pero no aquí, no es el momento ni el lugar correcto. Ve al centro de meditación y espérame allí.

—No, no puedo esperar.

—¿Ni siquiera por tan poco tiempo?

—No, en este breve espacio de tiempo podría yo

morir o incluso tú. Este es el momento. Te ruego que me des las enseñanzas ahora.

El Buda le observó y vio que la muerte del ermitaño estaba cerca. Se dio cuenta de que debía darle las enseñanzas enseguida. ¿Pero qué podía enseñarle en medio de la calle? Decidió ofrecerle las enseñanzas esenciales en pocas palabras.

—Cuando mires —dijo—, mira solamente. Cuando escuches, escucha solamente; cuando huelas, saborees y toques, no hagas nada más que oler, saborear y tocar; cuando pienses, piensa solamente.

La mente del ermitaño era tan pura que estas palabras eran todo cuanto necesitaba. Sin hacer enjuiciamientos ni evaluaciones, su mente se liberó de cualquier condicionamiento a través de la sencilla experiencia de percibir las cosas tal como son. Se sentó en medio de la calle y fijó allí su mente en la claridad, y al llegarle la muerte había alcanzado ya la liberación.

Khuddaka Nikaya

Avisaron al Buda de que en una zona del país que deseaba cruzar vivía un ladrón y asesino llamado Angulimala. Era tan violento y destructivo que solamente grandes grupos de gente se atrevían a pasar por aquel lugar. Como tenía la costumbre de cortar un dedo a cada persona que asesinaba para colgárselo alrededor del cuello, le habían apodado Collar de Dedos.

Sin perturbarse en absoluto por esta información, el Buda empezó a cruzar solo aquel país. Angulimala le vio venir y se asombró de que nadie le acompañara. Decidido a matarle y empuñando su espada intentó atacarle por la espalda. Pero, ¡qué extraño!, descubrió que aunque el Buda andaba con un paso normal, no podía alcanzarle.

—¡Quédate quieto, ermitaño! —gritó.

—Yo ya estoy quieto, Angulimala. Eres tú el que debe detenerse.

Angulimala pensó: «Se supone que los santos varones dicen la verdad, pero este asegura que está quieto mientras camina».

—Dices que me detenga, pero yo no estoy andando —le gritó—, mientras que tú estás caminando y dices que estás quieto. ¿Cómo es que tú estás quieto y yo no?

El Buda se dio la vuelta.

—Mis piernas se mueven, pero mi mente está quieta —dijo—. En cambio tus piernas están quietas, pero tu mente se mueve todo el tiempo con el fuego de la ira, el odio y los febriles deseos. Precisamente por eso yo estoy quieto y tú no.

A Angulimala le impresionó esta verdad. Pensó: «Hace mucho tiempo que no me fijaba en un sabio, pero este ermitaño ha penetrado mi naturaleza entera. Tomaré sus enseñanzas y abandonaré mi febril mente».

Arrojó su espada en un pozo y se arrodilló a los pies del Buda.

—Te ruego que me liberes —le pidió.

El Buda le miró con compasión.

—Ven, monje —le dijo, otorgándole con esta palabra el estado que él había pedido, y los dos partieron juntos.

Májjhima Nikaya

Al ver un arma todos tiemblan,
todo el mundo teme la muerte;

experimentando lo que sienten los demás,
nunca debemos matar ni provocar muerte alguna.

Dhammapada

Si la libertad no pudiera alcanzarse, los seres nunca podrían desenredarse del mundo. Pero como hay una libertad que trasciende al mundo, los seres pueden desenredarse de él.

Angúttara Nikaya

Mientras el Buda estaba en la ciudad de Shravasti, llamó a sus monjes y dijo:

—Os enseñaré el significado de «conocer la mejor forma de vivir independientemente».

—Te escuchamos —respondieron los monjes.

Él les dijo:

No persigáis el pasado
ni os perdáis en el futuro,
ya que el pasado ha dejado de existir
y el futuro no ha llegado aún.
Al observar a fondo las cosas tal como son,
en este momento, aquí y ahora,
el buscador vive con serenidad y libertad.
Debéis estar atentos a partir de hoy,
ya que si lo dejáis para mañana será demasiado tarde.
La muerte puede llegar y cogernos por sorpresa,
¿cómo podríamos negarlo?
Aquel que sabe
vivir con atención

noche y día,
conoce
la mejor forma de ser independiente.

Bhaddekaratta Sutra

EL TIEMPO Y EL INFINITO

Si no existiera en todo el mundo el elemento de buscar
la verdad,
uno no podría liberarse de los vehementes deseos,
ni tampoco anhelar el nirvana,
buscarlo o decidir hallarlo.

Visuddhi Magga

Hay una esfera que no es tierra, agua, calor ni aire, ya que se encuentra más allá del campo de la materia; ni es tampoco la esfera del espacio infinito ni de la conciencia, ya que está más allá del campo de la mente. Allí no se encuentra la condición de la nada, ni tampoco el estado de este mundo o de otro, ni el sol o la luna. Constituye lo no-creado.

Esta condición que yo llamo «no surge ni desaparece, no muere ni nace», carece de forma y no cambia. Es lo eterno, que nunca se origina ni nunca desaparece. Encontrarlo supone el fin del dolor.

Allí existe lo no-nacido, lo no-creado, lo no-formado y lo incondicionado. Donde no haya lo no-nacido, lo no-creado, lo no-formado y lo incondicionado, no se habrá trascendido el mundo de lo nacido, lo creado, lo formado y lo condicionado.

Pero, monjes, puesto que existe lo no-nacido, lo no-creado, lo no-formado y lo incondicionado, puede, por tanto, trascenderse lo nacido, lo creado, lo formado y lo condicionado.

Udana Sutta

Alguien preguntó al Buda:

—¿Hay solo una cúspide de conciencia o varias?

Él contestó:

—Una y varias. Al alcanzarse un estado de plena consciencia se percibe el siguiente. Por eso hay varios y uno a la vez.

Después le preguntó:

—¿Qué viene primero, la plena consciencia o el conocimiento?

—La plena consciencia surge primero y luego viene el conocimiento. Uno puede entonces decir: «Debido a mi plena consciencia, sé que esto es así».

Digha Nikaya

¿Cuáles son los resultados de la vida pasada de una persona? Como nunca podremos conocerlos pensando en ellos o intentando adivinarlos, no debemos especular acerca de los mismos. Intentar descubrirlos solo os causará desasosiego y distracción. No os erijáis en jueces de los demás ni hagáis suposiciones sobre sus motivos. Juzgando a los demás podéis destruiros a vosotros mismos.

Angúttara Nikaya

Ha sido por no haber comprendido ni penetrado cuatro cosas que tanto vosotros como yo hemos estado corriendo sin rumbo y vagando durante tanto tiempo en la rueda de la existencia. ¿Cuáles son? La bondad, la concentración, la sabiduría y la liberación. Una vez comprendidas y penetradas estas cuatro condiciones, se arrancan de raíz los anhelos de una existencia superficial, y se pone fin a aquello que lleva a volver continuamente a las mismas condiciones. Uno deja de viajar constantemente.

Digha Nikaya

Suponed que un orfebre saca sus pinzas y pone un poco de oro en el horno para fundirlo. Si aventa demasiado el fuego, se calentará en exceso, y si lo rocía con demasiada agua, se enfriará. Si saca el oro constantemente para mirarlo, no podrá refinarlo. Pero si hace todas estas cosas de vez en cuando, conociendo la naturaleza del oro, podrá entonces moldearlo y darle brillo fácilmente.

Del mismo modo, hay tres cualidades en las que un practicante debe fijarse: la concentración, la determinación y la ecuanimidad. Adoptando la atención correcta, su mente se volverá como el oro, flexible, brillante y pura.

Angúttara Nikaya

¿Dónde se encuentra el pensamiento? Nunca puede verse ni comprenderse. Es como una ilusión mágica, ya que con imaginación colorea el mundo. Al buscar una persona el pensamiento y no poder verlo, busca su origen. Y, por lo visto, el pensamiento surge donde hay un objeto. El pensamiento no surge cuando no hay un objeto. ¿Puede el pensamiento observar al pensamiento? No. Al igual que el filo de una espada no puede cortarse a sí mismo, ni la yema del dedo tocarse a ella misma, el pensamiento no puede ver al pensamiento.

Sikshasamuccaya

Cuando se percibe la sabiduría perfecta, aparece una nueva percepción que no depende de ninguna estructura. La gran búsqueda del buscador de la verdad florece entonces como varias puertas inmensas y misteriosas que se abren de par en par por el mero roce de una nueva percepción.

Está la puerta que se abre a la vista de la esencia sin esencia, la verdadera naturaleza del mundo manifiesto. Existe la puerta de la liberación de una percepción meramente parcial o de una perspectiva confusa de esta verdadera naturaleza. Y está la puerta que se abre directamente a la auténtica realización de la verdadera naturaleza.

Existe la maravillosa puerta que se abre a una intensidad de claras visiones y sonidos, de color y belleza. Y la puerta del equilibrio y la serenidad con la que uno contempla sobrecogido todas las ilimitadas estructuras del mundo como si contemplara el cielo nocturno tachonado de estrellas. Y la puerta de la exquisita felicidad que nunca deseará poseer ningún tesoro mundano o ni siquiera poseer esa misma felicidad. Y, por último, está la propia puerta del total Despertar.

Prajñaparamita

La gente tiene tres formas de ver la vida. En la primera, se apega rápidamente. En la segunda, se entrega a los excesos. Y en la tercera, la ve correctamente.

En la primera, se dedica a disfrutar de todas las cosas de la vida: de las posesiones y los acontecimientos, de la familia y de la continuidad. Cuando se revelan unas enseñanzas que recomiendan el desapego y el trascender los dictados del yo, su corazón no da ningún vuelco ni se siente atraída por ellas.

En la segunda, la gente está afligida por su odio a la vida. Apegándose tanto a ella como en el caso anterior, la injuria y la estropea con los excesos.

En la tercera, la gente ve la vida tal como es: en su continuo surgir y desaparecer. La acepta gustosa pero no se apega a ella ni le produce desesperanza. Son estas personas las que empiezan a conocer lo incondicionado.

Quien contempla aquello que ha llegado a ser
como el devenir
trasciende ese devenir
y se libera del vehemente deseo de sensaciones.
En aquello que de veras es, él comprende el devenir.
Libre de anhelar el nacimiento o la muerte,
halla el verdadero significado de poner fin al devenir.

Itivuttaka Sutta

Si buscáis la verdad, debéis investigar las cosas de tal modo que mientras vuestra conciencia las investigue no os distraigáis con lo que vayáis encontrando, ni os despistéis o disperséis; ni tampoco os obsesionéis ni arraiguéis. Ya que aquel que no se deja influenciar trascenderá el nacimiento, la muerte y el tiempo.

Mientras andáis, estáis de pie o tendidos,
estiráis los miembros o los dobláis de nuevo,
haced todas estas cosas con atención,
en cualquier lugar y una vez tras otra.
Dondequiera que estéis en el mundo,
formad parte de los que observan con atención
el movimiento de las cosas compuestas.

Itivuttaka Sutta

Si queréis conocer el pasado, conocer qué es lo que os ha causado, observaos en el presente, ya que este es el efecto del pasado. Si queréis conocer vuestro futuro, observaos en el presente, ya que este es la causa del futuro.

Májjhima Nikaya

Subhuti, ¿cómo siente una persona la necesidad de salvar a los seres?

En primer lugar, toma conciencia de la clase de sabia percepción que le muestra cómo los seres se destruyen a sí mismos. Luego surge en su interior una gran compasión. Al contemplar el mundo, lo que ve en él le produce un profundo desasosiego. Hay muchos que acarrean consigo las cargas de sus acciones, que les producirán su propio castigo; otros han nacido en circunstancias desafortundas en las que no saben nada de la verdad; otros están condenados a ser asesinados en guerras, a envolverse en una red de falsas opioniones o a no lograr encontrar el camino; y otros, que han tenido un nacimiento afortunado y que empezaban a encontrar la libertad, la han vuelto a perder.

Semejante persona irradia una gran simpatía y compasión hacia estos seres y se fija en ellos pensando: «Me gustaría salvarlos, me gustaría liberarlos de su sufrimiento». Pero no convierte su deseo en un apego, ya que nunca le vuelve la espalda a la plena Iluminación, puesto que sabe que sus pensamientos solo producirán fruto cuando se sustenten en la perfecta sabiduría. Solamente desde el reino de la perfecta sabiduría puede indicar el camino, llevar la luz en la oscuridad, liberar a la gente y limpiar los órganos de la visión de todos los seres.

Prajñaparamita

Si cualquiera dice que uno *debe* recoger el fruto de sus acciones, si piensa que la ley del karma es inexorable, está diciendo que la vida o el crecimiento espiritual no existen ni tampoco la oportunidad de poner fin a la confusión. Pero si cualquiera dice que uno recoge el fruto *según* las acciones que lleve a cabo, en este caso la vida espiritual puede existir y hay la oportunidad de realizarse.

Angúttara Nikaya

No podéis esperar que exista lo condicionado sin lo incondicionado. El mundo condicionado no puede existir sin el nirvana. Ni podéis esperar que exista lo incondicionado sin lo condicionado: el nirvana no es distinto del mundo. Su mismidad constituye la verdad de la realidad. El hombre sabio vive esta verdad y al mismo tiempo se dedica a las buenas acciones. Sin dejar jamás de comprender la verdad de que todas las cosas están vacías de entidad o de yo, inspira a todas las criaturas a liberarse de la idea del yo. La vacuidad significa la ausencia de todas las nociones y suposiciones. Cuando se vacía de cualquier suposición, el mundo es como una creación mágica; el cuerpo es una maravilla, al igual que la sabiduría. Son mágicas porque se originan y desaparecen. Todo cuanto tiene un inicio y un final en el tiempo es ilusorio y mágico. Solamente el nirvana carece de inicio y fin, es por naturaleza realidad, es puro y se halla más allá de la ilusión.

Subhuti preguntó:

—¿Cómo se puede enseñar esta verdad a una persona corriente?

El Buda respondió:

—Preguntándole: «¿Cómo aquello que ha existido en el pasado puede convertirse ahora en inexistente?». Esta pregunta le llevará a comprender que nada que haya existido puede ser una entidad permanente o un yo eterno. Entonces verá que tanto existe la existencia como la inexistencia.

Prajñaparamita

Es un defecto del lenguaje que las palabras sugieran realidades permanentes y que la gente caiga en ese engaño. Pero las meras palabras no pueden crear la realidad. Algunas personas hablan de una meta final y creen que es real, pero es una forma de hablar y tales metas carecen de sustancia. Aquel que comprende la vacuidad de los objetos y de los conceptos no depende de las palabras. La perfecta sabiduría está más allá de las definiciones, y el sin-camino es la senda que conduce a ella.

El sabio recorre el camino que le conduce a la directa realización de la impermanencia y del conocimiento, lo cual constituye la perfecta sabiduría. Semejante ser debe recorrer su camino sabiendo que el apego y las atracciones no son buenos ni malos, que ni siquiera la Iluminación es buena ni mala, porque la perfecta sabiduría no está concebida para beneficiarle o dañarle. Sin embargo, aunque no tenga la intención de beneficiar ni dañar, confiere infinitas bendiciones.

Prajñaparamita

Sakka preguntó:

—¿Cuál es la causa del puro interés personal?

El Buda respondió:

—Percibir el mundo como si fuera el objeto de uno.

—¿Cómo se puede vencer la percepción de que el mundo es distinto de nosotros mismos?

—Actuando para aumentar la bondad y la felicidad. Es así como el mundo deja de ser el objeto de uno.

Digha Nikaya

Hay un tipo de métodos hábiles denominados «como el sol». Al igual que el sol hace madurar el crecimiento de las plantas, una persona hábil puede hacer madurar la semilla de la Iluminación en otros. Y al igual que el sol nunca deja de irradiar calor, la habilidad de esa persona envuelve a todos los seres en su compasión. Y del mismo modo que el sol funde las cosas heladas, una persona hábil al ver, por así decirlo, los antídotos, funde los vehementes deseos y las obsesiones. Y al igual que el sol disipa la oscuridad, esta persona —reconociendo todo cuanto hay en la otra— elimina la oscuridad de la ignorancia. Y así como el sol calienta a todo por igual, el ser hábil llena de alegría a todos los seres, ya que los medios que usa son como el calor y el resplandor del sol.

Prajñaparamita

Cuando la gente llega a conocer por completo las satisfacciones que el mundo puede dar y también la desdicha que puede causar —cuando comprende que es posible liberarse tanto del deseo como del pesar— queda libre de las cadenas del mundo, de sus confines y limitaciones. Vive con el corazón liberado. Llega a conocer el verdadero significado del mundo, el modo en que las cosas surgen y cesan, y la conciencia que trasciende tanto el surgir como el cesar.

Angúttara Nikaya

LA SABIDURÍA

Todo cuanto somos es el resultado de nuestros pensamientos; se basa y se forma de acuerdo a los mismos. Con nuestros pensamientos hacemos el mundo. Si habláis o actuáis con pensamientos dañinos, los problemas os seguirán como la rueda sigue al buey que tira del carro.

Todo cuanto somos es el resultado de nuestros pensamientos; se basa y se forma de acuerdo a los mismos. Con nuestros pensamientos hacemos el mundo. Si habláis o actuáis con pensamientos armoniosos, la felicidad os seguirá como si fuera vuestra propia sombra, sin separarse jamás de vosotros.

Dhammapada

Suponed que una persona necesita una buena madera y va en su busca. Se encuentra con un magnífico árbol —todo él de madera de calidad—, pero pasa por alto el tronco y corta solo lo más fácil, las ramas y la corteza, esperando que sea una buena madera. Un sabio diría: «Ese seguro que no sabe diferenciar la buena madera de la corteza. Lo que hay ahí no le servirá de nada».

De la misma forma, la esencia de una vida dedicada no consiste en adquirir rápidas ganancias, honores ni fama, ni en los beneficios que aporta observar las reglas morales. Ni siquiera se basa en el conocimiento o la clara visión. La verdadera liberación del corazón —el tronco del árbol— es el sentido, la esencia y la meta de vivir una vida dedicada.

Májjhima Nikaya

Un monje puede ser muy dulce, muy pacífico, siempre que no le ataquen con palabras duras. Pero es cuando le lanzan palabras duras que necesita ser realmente dulce y pacífico.

Májjhima Nikaya

Dos cosas os conducirán a la comprensión suprema. ¿Cuáles son? La tranquilidad y la clara visión.

Si desarrolláis tranquilidad, ¿qué beneficios os aportará? Vuestra mente se desarrollará. El beneficio de tener una mente desarrollada es que habréis dejado de ser esclavos de vuestros impulsos.

Si desarrolláis una clara visión, ¿qué beneficios os aportará? Hallaréis sabiduría. Y la razón para desarrollarla es que os liberará de la ceguera de la ignorancia.

Una mente cautiva de los impulsos irreflexivos y de la ignorancia nunca podrá desarrollar una verdadera comprensión. Pero por medio de la tranquilidad y de una clara visión, la mente encontrará la libertad.

Angúttara Nikaya

Antes de enseñar a los demás debéis saber por completo qué enseñáis. Así que es muy importante para vosotros practicar continuamente. Si no habéis experimentado aquello que estáis enseñando, no podréis enseñar correctamente a los demás. Alquien que está hundido en el fango no puede sacar a otro que también lo está.

Májjhima Nikaya

Un brahmán dijo al Buda:

—Por mi parte, esta es mi opinión, este es mi punto de vista. Si hablo acerca de lo que he visto, oído o sentido, nada malo puede resultar de ello.

El Buda contestó:

—Por la mía, brahmán, no afirmo que todo cuanto uno haya visto, oído o sentido deba o no deba decirse. Es una cuestión de elegir el momento. Uno debe saber cuál es el momento correcto y cuál no lo es. Es posible hablar abiertamente y ser malinterpretado. Pero si puedes hablar abiertamente en el momento y la ocasión adecuados, en tal caso debes hacerlo.

Angúttara Nikaya

Monjes, el león, rey de los animales, sale de su guarida por la noche, se despereza y vigila en las cuatro direcciones. Después lanza tres grandes rugidos y se prepara para buscar a su presa.

Cuando los animales oyen el rugido, se estremecen y se ponen a temblar. Los que viven en hoyos se meten dentro. Los que viven en el agua se apresuran a sumergirse en ella. Los que habitan en el bosque se esconden en el interior de los árboles. Los pájaros vuelan hacia las ramas más altas.

En los pueblos, los elefantes estiran y rasgan las correas de cuero hasta romperlas y echan a correr despavoridos de un lado para otro, esparciendo por doquier sus excrementos. Tal es el poder del poderoso y majestuoso león, rey de los animales.

De la misma forma, monjes, cuando un sabio aparece en el mundo, un Iluminado de perfecta sabiduría y conducta, un conocedor de todos los mundos y un maestro de aquellos que pueden recibir enseñanzas, y enseña: «Esto es el yo, este el origen del yo; esta es la liberación del yo y este el camino que conduce a esa liberación», entonces, monjes, quienquiera que sea el dios que esté viviendo en su mansión celestial, al oír sus enseñanzas se llena de temor y se estremece y se pone a temblar, como si oyera el rugido de un león.

Aunque creamos que somos permanentes, no lo somos. Aunque creamos que gozamos de estabilidad, no la tenemos. Aunque creamos que duraremos siempre, no es así. No somos permanentes, ni gozamos de estabilidad, ni somos duraderos, y además tenemos un gran ego.

Así es, monjes, lo poderoso e Iluminado que un ser que ha alcanzado la Iluminación puede llegar a ser en el mundo de los humanos y dioses. Depende de vosotros que os convirtáis en uno de ellos.

Angúttara Nikaya

Cuando las miríadas de arroyos que fluyen en distintos lugares, cada uno con su propio color y sabor, entran en el gran océano, se mezclan y adquieren un solo sabor, un solo nombre. Del mismo modo, la estupidez y la sabiduría se convierten en una sola cosa en la mente despierta. Cuando se empieza a recorrer el camino, parece que la estupidez y la sabiduría sean distintas. Pero más tarde, al adentrarse más en él, uno descubre que la estupidez y la sabiduría son lo mismo.

Visuddhi Magga

La gente pierde su ojo de sabiduría con la ignorancia, la duda y las ideas falsas. Pero cuando comprende la naturaleza de la realidad, el ojo de la sabiduría vuelve a brillar con claridad. Como la gente corriente ve solamente con los sentidos corporales, ve las cosas como si cada objeto tuviera su naturaleza última y fuera distinto del resto, y se apega a esta creencia. Pero cuando halla el ojo de la sabiduría de la claridad, comprende que ninguna entidad es en el fondo real, sino que la verdadera realidad es el nirvana.

Surangama Sutra

Subhuti preguntó:

—Si todos los pensamientos y emociones están vacíos de lo que llamamos un yo, ¿cómo puede un discípulo trabajar sin él, cómo se libera?

El Buda respondió:

—Si el discípulo sabe que la esencia de los seres no es lo que llamamos el propio yo, que este compuesto condicionado del yo no tiene una realidad eterna, sino que la verdad es sencillamente la esencia de los seres, en tal caso no perderá pie en el reino de la cordura y la sabiduría.

Prajñapramita

Sakuladayi el Errabundo preguntó al Buda:

—¿Qué es el pasado y qué es el futuro?

—Deja estar el pasado —respondió el Buda— y olvídate del futuro. Te enseñaré lo que existe ahora.

Con esta condición, se origina aquella otra,
al surgir esto, se origina aquello,
cuando esto no está aquí, aquello no se origina,
con la cesación de esto, cesa también aquello.

Májjhima Nikaya

Meghiya, un monje, el ayudante del Buda, se sintió atraído por un bello bosquecillo de mangos que había junto a un río, el lugar perfecto para meditar, pensó. Preguntó al Buda si podía ir allí. Pero este dudó.

—Espera un poco, Meghiya, hasta que venga algún otro monje y pueda ir contigo. Estamos solos.

Pero Meghiya insistió y al final el Buda contestó:

—Bien, como hablas de que estás esforzándote para conseguir concentrarte, Meghiya, no puedo realmente decir nada en contra. Haz lo que quieras.

Así que Meghiya se fue al bosquecillo de mangos a meditar. Pero se asombró al ver que tres pensamientos desagradables y erróneos empezaban a llenar su mente: el anhelo de placeres sensoriales, pensamientos de animadversión y un firme deseo de hacer daño. «Qué extraño y sorprendente —se dijo a sí mismo— que después de haber dejado el hogar para convertirme en un monje sin techo todavía me asalten tan terribles pensamientos.» Volvió al lugar donde estaba el Buda y le contó lo sucedido.

—Meghiya, cuando no te has liberado aún, necesitas cinco cosas para que te ayuden a liberar tu mente. La primera es tener un buen amigo. La segunda, practicar una conducta recta. La tercera, recibir el consejo adecuado que te ayude a serenar tus pensamientos y a iluminar tu mente. La cuarta, esforzarte de veras para abandonar los estados mentales poco saludables. Y la quinta, tener la sabiduría para ver el surgir y el desaparecer condicionado de los acontecimientos.

Angúttara Sutta

Que una persona sea una luz para sí misma y adquiera sabiduría. Cuando se libere de la ignorancia, trascenderá el nacimiento y la muerte.

Nadie cuyos pensamientos sean solo de este mundo puede ser un seguidor del Despierto. Todas las cosas de este mundo están cambiando, pero la Iluminación perdurará siempre.

Dhammapada

Kutadanta preguntó:

—¿Dónde, oh Buda, está el nirvana?

—El nirvana está presente siempre que vivas en la verdad y en la bondad.

—Entonces —prosiguió Kutadanta—, si lo he entendido bien, el nirvana no es un lugar. En ese caso, como no está en ninguna parte, no existe.

—No me has comprendido —contestó el Buda—. Ahora escucha y responde a mis preguntas. ¿Dónde reside el viento?

—En ningún lugar.

—¿No existe entonces?

Kutadanta no respondió.

—¿Dónde habita la sabiduría? —preguntó el Buda—. ¿Es un lugar?

—La sabiduría no reside en ninguna parte.

—¿En ese caso la sabiduría, la Iluminación y la salvación no existen porque el nirvana no es un lugar?

—Siento, oh Buda, que estás proclamando una gran doctrina, pero no puedo captarla. Por lo visto me pierdo. ¿Dónde se encuentra, por ejemplo, la identidad de mí mismo? Hay una cualidad especial en mí mismo que me hace distinto de los demás. Y deseo que esta identidad, mi propio yo, continúe. ¿Dónde reside, pues, esta identidad?

—¿Dónde? —preguntó el Buda—. Este yo al que te apegas está cambiando constantemente. Hace muchos años eras un bebé, luego te convertiste en un joven y ahora eres ya un hombre. ¿Cuál es tu verdadero yo, el de ayer, el de hoy o el de mañana, el que tanto ansias conservar?

—Veo que no lo había comprendido —contestó Kutadanta pausadamente—, y aunque me parezca difícil soportar la luz, la verdad acerca de que no existe un yo distinto y perdurable brilla en mí. Tomaré refugio en tus enseñanzas y hallaré aquello que continúa y es eterno en la verdad.

Májjhima Nikaya

Monjes, ¿qué es el mundo? Los ojos y las formas, los oídos y los sonidos, la nariz y los olores, la lengua y los sabores, el cuerpo y los objetos táctiles, la mente y los objetos mentales, todo esto forma el mundo tal como nosotros lo conocemos.

Cuando los ojos y la forma están ahí, surge la conciencia de la visión. De esta conciencia nace la sensación; aquello que sentimos nos suscita un pensamiento; aquello que se piensa se proyecta hacia fuera como el mundo exterior.

Así que declaro que este cuerpo de metro ochenta de alto con sus percepciones y pensamientos establece el mundo, su inicio, su fin, y la forma de hacer que cese.

Májjhima Nikaya

Ananda, las puertas y ventanas de esta sala están abiertas de par en par y dan al este. Cuando el sol se eleva en el cielo hay luz, y a medianoche, cuando la luna mengua o la niebla o las nubes la cubren, hay oscuridad. Tus ojos pueden ver cuando las puertas y las ventanas están abiertas pero las paredes o las casas bloquean tu visión. Ananda, ¿ves ahora cómo hago regresar cada uno de esos estados mudables a su causa y a su origen? ¿Cuáles son esas causas originales? De entre las condiciones mudables, la luz puede hacerse regresar al sol. ¿Por qué? Porque sin sol no hay luz, y como la luz procede del sol, puede volver a su origen. La oscuridad puede hacerse regresar a la luna menguante, la claridad a las puertas y ventanas abiertas, la obstrucción a las paredes y casas, las causas a la diversidad, la vacuidad al vacío relativo, un ambiente confuso a la inconsciencia, y una percepción clara al estado Despierto. Nada hay en el mundo que vaya más allá de estas condiciones. Ahora bien, cuando la esencia de tu percepción afronta estos ocho estados, ¿adónde puede hacerse regresar tu percepción? Si fuera la luminosidad, no verías oscuridad cuando no hay luz. Aunque estos estados como la luz, la oscuridad, etcétera, difieran unos de otros, tu visión no cambia, sigue siendo la misma.

Es evidente que todos los estados que pueden hacerse regresar a las causas externas no son tú, pero aquello que no puede hacerse regresar a ninguna parte, si no es tú, ¿qué es? Por eso debes saber que tu mente es fundamentalmente maravillosa, brillante y pura, y que debido a que te implicas en las cosas del mundo la has cubierto y perdido. De esta forma has quedado atrapado en la interminable rueda de llegar a ser esto o aquello, hundiéndote y flotando en ese mar de interminable devenir. Despierta ahora a tu propia mente brillante.

Surangama Sutra

—Cuando practiques la generosidad, Subhuti, no debes depender de ningún objeto que sea causa de tu generosidad. Ni tampoco de las palabras, ya que estas no son más que etiquetas. Si practicas la generosidad sin depender de causas ni etiquetas, no te imaginas la felicidad que experimentarás. Subhuti, ¿crees que el espacio del este puede medirse?

—No, Honorable.

—¿Puede el espacio del oeste, del norte, del sur o de arriba o abajo medirse?

—No, Honorable.

—De la misma manera, Subhuti, si no dependes de ningún concepto, cuando practiques la generosidad, la felicidad que te producirá será tan inconmensurable como el espacio.

Sutra del Diamante

Cuando surge una cualidad clara, serena e inmaculada, como la de la luna, y una persona rompe las cadenas que la esclavizan a llegar a ser esto o aquello, a conseguir una cosa después de otra, y se desprende de ellas, yo lo llamo sabiduría.

A aquel que ha ido más allá del tempestuoso y peligroso ciclo de la ilusoriedad y la repetición, dejándolo atrás, a aquel que es contemplativo, desapegado y que está libre de dudas, yo le llamo sabio.

Sutta Nipata

Subhuti preguntó:

—¿Es posible hallar la perfecta sabiduría a través de la reflexión, escuchando declaraciones, o por medio de signos o atributos, para que uno pueda decir «esto es» o «aquí está»?

El Buda respondió:

—No, Subhuti. La perfecta sabiduría no puede aprenderse, distinguirse, pensarse o encontrarse a través de los sentidos. Como nada de este mundo puede explicarse en un sentido absoluto, solo puede experimentarse, y por eso todas las cosas son tal como son. La perfecta sabiduría nunca puede experimentarse separada de todo lo demás. Percibir la Talidad de las cosas, que constituye su serena y vacía esencia, es percibirlas tal como son. Por lo tanto, la perfecta sabiduría y el mundo material no son dos cosas distintas, no están divididos. A causa de la Talidad, de su serena y vacía esencia, la perfecta sabiduría no puede conocerse intelectualmente. Ni tampoco las cosas de este mundo, ya que solo son entendidas por medio de nombres e ideas. Allí donde no hay un aprender o un encontrar, ni conceptos o palabras convencionales, es donde puede decirse que se halla la perfecta sabiduría.

Ashtasahasrika

Cuando una persona ha vivido correctamente y actuado con generosidad, capta las cosas tal como son. No depende de apegos; está libre de ira y aversiones; aquello que hace se convierte en la acción perfecta.

La pureza de una acción perfectamente equilibrada basada en ver las cosas tal como son, constituye la libertad y la desaparición de la ignorancia.

Sutta Nipata

UNO MISMO Y LA SOCIEDAD

NO TENGÁIS MIEDO de hacer el bien, pues es la felicidad bajo otro nombre, ya que esta frase, «hacer el bien», constituye todo aquello que es querido y gozoso.

Quienquiera que viva una recta
y larga existencia aportando dicha,
que pueda ser generoso, sereno,
y cultivar el hacer el bien.

Al practicar estas tres
cosas que producen dicha,
el sabio vive sin remordimientos,
y llena su mundo de felicidad.

Itivuttaka Sutta

Debéis ser una isla, un refugio para vosotros mismos, sin depender de nada más, y tomar únicamente refugio en la verdad y en nada más que la verdad. ¿Y cómo podéis convertiros en una isla y en un refugio para vosotros mismos?

De la siguiente forma: ved y contemplad vuestro cuerpo como si estuviera compuesto de todas las fuerzas del universo. Con fervor y atención gobernad vuestro ser al dominar el descontento que os produce el mundo. Del mismo modo, observad y contemplad vuestros sentimientos y usad el mismo ferviente dominio y serenidad contra la esclavitud de la codicia o del deseo. Al ver que el apego que sentís por el cuerpo y los sentimientos os impide hallar la verdad, morad en la serenidad y en el ferviente anhelo de liberaros de esas ataduras.

Así es como viviréis en la isla de vosotros mismos, que constituirá un refugio para vosotros. Quienquiera que se mantenga en esta contemplación, en la isla de la verdad, y tome refugio en ella, saldrá de la oscuridad para vivir en la luz.

Digha Nikaya

La paz verdadera surgirá espontáneamente
cuando vuestra mente se libere
de los apegos,
cuando sepáis que los objetos del mundo
nunca podrán daros aquello que deseáis.

Theragatha

La gente debería poder vivir sin tener que padecer pobreza. A los campesinos se les debería dar cereales y otros productos de primera necesidad. Proporcionar a los comerciantes capital, y pagar a los empleados unos salarios adecuados. Cuando la gente goza de seguridad y gana un buen jornal, está satisfecha y vive sin miedo ni preocupaciones. Y gracias a ello el país estará en paz y no se cometerá en él ningún crimen.

Digha Nikaya

Si el toro no se desvía cuando la manada cruza el camino, todos irán derechos, porque él es el guía. Entre la gente ocurre lo mismo. Si uno considerado más elevado vive con bondad, los otros también lo harán. Cuando el gobernante vive rectamente, el reino entero vive feliz.

Angúttara Nikaya

El Buda dijo a Ananda:

—En verdad, Ananda, no es fácil enseñar el camino de la libertad a los demás. La mejor forma de enseñarles a alcanzar la libertad es establecer en primer lugar cinco cosas y después dedicarte a enseñar. ¿Cuáles son? Al enseñar a otros debes pensar:

«Enseñaré de un modo gradual y sensible.
Hablaré con un objetivo en la mente.
Hablaré con suavidad.
No hablaré para ganar nada.
No hablaré con la intención de dañar a nadie.»

Si tienes presente estos cinco requisitos, tus enseñanzas serán bien recibidas.

Angúttara Nikaya

Aquel que se considera igual, inferior o superior a los demás, se enzarza, por esta misma razón, en discusiones. Pero semejantes pensamientos de igual, inferior o superior no están presentes en quien no actúa impulsado por estas valoraciones.

¿Por qué tendría un sabio que discutir con otro individuo diciendo: «Esto es verdad» y «Esto es mentira» si jamás alberga pensamiento alguno de igual, inferior o superior? ¿Con quién va a discutir?

El sabio que se ha liberado de depender de otros y de depender de las palabras, y ha dejado de apegarse al conocimiento, no corre el peligro de ahogar la verdad al enzarzarse en discusiones con la gente.

Sutta Nipata

La riqueza no es buena ni mala, al igual que no lo es la vida en sí misma. Todo depende del uso que se le dé. Si se ha obtenido ilegalmente y se gasta de manera egoísta, no nos aportará felicidad.

Pero si la riqueza proviene de medios legales significa que se ha obtenido sin dañar a otros, y será fuente de alegría. Uno debe recordar los peligros de apegarse a ella y compartirla con los demás para generar buenos propósitos. Si se puede tener presente que la meta no es la riqueza, ni siquiera los buenos propósitos, sino liberarse de los vehementes deseos y apetitos, la riqueza nos aportará felicidad. La riqueza no debe ser exclusivamente para uno sino hacerla extensiva a todos los seres.

Angúttara Nikaya

Vivir en el bosque lejos de los demás no es la verdadera reclusión. La verdadera reclusión es estar libre del poder del agrado y del desagrado. Es también estar libre de la actitud mental de creerse especial porque uno está recorriendo el camino. Quienes se retiran a apartados bosques suelen sentirse superiores a los demás. Piensan que como viven en soledad están siendo guiados de una manera especial y que los que viven una vida normal nunca podrán tener esa experiencia. Pero se trata de un engaño y en nada ayuda a los demás. El auténtico ermitaño es aquel que está a disposición de los otros, que los ayuda con sus afectuosas palabras y su ejemplo personal.

Prajñaparamita

Subhuti preguntó:

—¿Cómo se practican todas las perfecciones?

El Buda contestó:

—No percibiendo ninguna dualidad. Al comprender la no dualidad uno enseña la realidad a todos los seres. Con la energía física, viaja ampliamente para enseñar. Con la energía mental, se protege para que no surjan ideas como «permanencia o impermanencia» «bueno o malo», y cosas por el estilo. Con la perfección de la sabiduría, no considera que nada sea en el fondo real, sino que ayuda a todos los seres con amorosa atención para que surja en ellos la energía, la paciencia y la meditación. Pero aunque se preocupe del más pequeño detalle sobre todo cuanto se debe hacer, nunca se apega a ello ni intenta darle un sentido último porque sabe que en sí mismo carece de sustancia perdurable.

Prajñaparamita

El Buda fue invitado por un brahmán a comer en su casa. Pero cuando llegó, el brahmán le recibió de manera extraña, con un torrente de groserías.

Amablemente el Buda le preguntó:

—¿Suelen venir invitados a tu hogar, buen brahmán?

—Sí.

—¿Qué preparativos hacéis?

—Organizamos una gran fiesta.

—¿Qué ocurre si no vienen?

—Nos lo comemos todo con mucho gusto.

—Bien, brahmán, me has invitado a comer pero me has recibido con palabras groseras. No deseo nada de lo que has preparado para mí. Te ruego que te lo quedes y que lo disfrutéis vosotros.

—Nunca respondáis con la misma moneda —diría después el Buda a sus seguidores—. El odio no se apacigua con el odio sino solo por medio de la generosidad.

Cuento de los Jataka

Abandonad las malas acciones. Podéis hacerlo. Si no fuera así, no os lo pediría. Pero ya que es posible y aporta bendiciones y felicidad, os lo pido: abandonad las malas acciones.

Practicad el bien. Podéis hacerlo. Si causara privaciones y dolor, no os lo pediría. Pero como aporta bendiciones y felicidad, os lo pido: practicad el bien.

Angúttara Nikaya

Un brahmán preguntó al Buda:

—Ya que el nirvana existe y el camino también, y puesto que tú existes como consejero, ¿por qué algunos de tus seguidores alcanzan el nirvana y otros no?

—Deja que te pregunte algo, brahmán. ¿Conoces el camino que lleva a la ciudad de Rajgir?

—Sí, sin duda.

—Supón ahora que alguien se acercara a ti y te preguntara el camino para llegar hasta allí. Podrías decirle: «Este camino lleva a Rajgir, o sea que sígalo. Al cabo de un rato verá un pueblo y después una población con mercado, pero tiene que seguir recto. Después de varios kilómetros divisará Rajgir con sus encantadores parques, bosques y estanques». Pero aunque esa persona haya recibido tus cuidadosas instrucciones, quizá tome el camino equivocado hacia el oeste, mientras que otra, oyendo las mismas instrucciones, las sigue fácilmente y llega a Rajgir. Ahora bien, ya que Rajgir existe y también el camino que lleva a esa ciudad, y puesto que existe el consejero, ¿por qué crees que uno tomó el camino equivocado y el otro el correcto?

—En este aspecto nada podría yo haber hecho, Buda. Tan solo les he mostrado el camino.

—Así es. Aunque el nirvana exista y también el camino que lleva a él, y exista además el consejero, algunos de mis seguidores alcanzarán la meta inmutable y otros no. Nada puedo hacer a este respecto. Tan solo puedo ser alguien que muestra el camino.

Textos de mediana extensión

Hay quienes, deseosos de perfeccionarse, se adiestran del siguiente modo: «Debemos dominar solo nuestro ser, solo este debemos pacificar y conducir al nirvana final». Pero los compasivos no deben adiestrarse así. Al contrario, deben decir: «Llevaré mi propio ser a la Talidad, para ayudar al mundo entero, llevaré a todos los seres a la Talidad, y conduciré el inconmensurable mundo de los seres al nirvana».

Todos los que son compasivos deben alentar sus mentes a pensar: «Debo llevar a cada ser vivo, bien haya nacido de una matriz o de otro modo, tenga o no una percepción, a la ilimitada libertad de la liberación». Y cuando esta inmensa e inconmensurable cantidad de seres se haya liberado, ¡no debemos creer que todos los seres han sido liberados! ¿Por qué? Porque nadie que sea realmente compasivo alberga la idea de un sí mismo, de un ser o de un individuo separado.

Sutra del Diamante

Al igual que una vaca se fija en su ternera incluso mientras está pastando, la persona correcta se fija en aquello que puede hacer por los que están siguiendo el camino.

Májjhima Nikaya

El Buda dijo a los monjes:

—La gente os conoce como monjes. Si os preguntan: «¡Monjes! ¿Qué son los monjes?», admitid que sois monjes, pero en vuestro fuero interno decíos: «Practicaremos aquello que hacen los monjes. Así ser un monje se convertirá en una verdadera acción y realizaremos nuestros propósitos correctamente. Y usaremos las cosas que necesitamos para vivir de un modo fructífero y creativo, y cuando abandonemos el mundo nuestra vida no habrá sido estéril, sino fértil y llena de buenos resultados». Con los que no son monjes ocurre lo mismo. Sin embargo, este consejo va dirigido a vosotros.

»¿Cuáles son las cosas que debéis practicar? Debéis ejercitaros en ser conscientes y en tener mucho tacto, preocupándoos por los demás. Quizá penséis: "Ya lo hemos hecho. Ya es suficiente, hemos hecho todo cuanto se podía hacer. Hemos realizado todo cuando debíamos hacer como monjes. No hay nada más que podamos hacer".

»Pero yo digo y declaro: no detengáis vuestra búsqueda mientras os queden aún cosas por descubrir o por hacer. ¿Qué es lo que os queda por hacer? Debéis ejercitaros diciendo: "Nuestra conducta será impoluta, brillante y pura. Nunca nos ensalzaremos a nosotros mismos ni despreciaremos a nadie".

Digha Nikaya

Un hijo único, muy amado por sus padres, era descuidado, grosero y no aprendía nada. Sus padres esperaban que algún día se cuidara de las tierras, pero era perezoso, sucio y les hacía sufrir mucho. Los vecinos le despreciaban y sus padres acabaron odiándole. Este hecho al final le tocó en el corazón y decidió dedicarse a los ejercicios religiosos y a las oraciones, pero le ayudaron muy poco. Al oír hablar del Buda, fue a verle y le pidió si podía convertirse en seguidor suyo.

El Buda le dijo:

—Si deseas estar conmigo y encontrar alivio, lo primero que debes aprender es a comportarte con rectitud. Vuelve a tu casa y aprende a hacer lo que tus padres quieren, sigue recitando tus oraciones y trabaja duro en la vida cotidiana. Al mismo tiempo, lávate, ponte ropa limpia y no vuelvas a ser descuidado. Cuando hayas aprendido esto, vuelve y te dejaré ser uno de mis seguidores.

Dhammapada

Dos reinos estaban a punto de entrar en guerra por la posesión de un muro de contención.

Cuando el Buda vio a los reyes y los ejércitos dispuestos a luchar, les pidió que le explicaran por qué iban a enfrentarse. Tras haber oído a las dos partes, dijo:

—El muro de contención es valioso para algunos que viven en ambos reinos. Pero aparte de ello, ¿tiene algún valor intrínseco?

—No tiene ninguno.

El Buda prosiguió:

—Cuando entréis en combate, ¿acaso no es cierto que muchos de vuestros hombres serán masacrados y que es probable que vosotros perdáis la vida?

—Sí, muchos serán masacrados y nuestras vidas correrán peligro.

—La sangre de los soldados ¿vale menos que un montón de tierra?

—No —dijeron los dos reyes—. Las vidas de los soldados, y sobre todo las de los reyes, no tienen precio.

El Buda concluyó:

—¿Y vais a jugaros aquello que no tiene precio por aquello que no tiene un valor intrínseco?

La cólera de los dos reyes desapareció y llegaron a un acuerdo pacífico.

Digha Nikaya

No viváis irreflexivamente, sumidos en la distracción y con metas ilusorias, violando la Ley universal.

Despertad y seguid el camino Iluminado a través del mundo con energía y alegría.

Seguid el camino de la Iluminación felizmente a través de este mundo y más allá de él.

Ved este mundo como una burbuja, como un espejismo. No os apeguéis a él y la muerte nada podrá haceros.

Contemplad este rutilante mundo que es como un carruaje real. El necio cae bajo su hechizo, pero el sabio no se apega a él.

Al igual que la luna sale tras las nubes e ilumina el mundo, aquel que vence su ignorancia también irradia luz.

La alegría que produce pisar por primera vez el noble sendero es mayor que toda la felicidad de la tierra o del cielo, y que dominar todos los mundos.

Dhammapada

El Buda se alojaba en una casa de Migara. Una noche, mientras estaba sentado en el porche, fue a verle el rajá Pasenadi y se sentó a su lado. Mientras, pasó por delante una procesión de santos varones; había algunos con largos cabellos, otros desnudos y otros con unas uñas muy largas. Cuando el rajá los vio se levantó del asiento y, colocándose la túnica sobre uno de los hombros, se arrodilló delante de ellos levantando las palmas y anunciando su nombre, rajá Pasenadi. Al cabo de un rato, cuando ya se habían ido, preguntó al Buda:

—¿Crees que cualquiera de ellos ha despertado o ha alcanzado el sendero del Despertar?

—Es imposible saberlo, rajá, ya que solamente tratando a alguien durante largo tiempo llegas a saber si es virtuoso, y solo relacionándote con él sabes si es íntegro, y pasando una época difícil con esa persona conoces su fortaleza, y hablando a fondo con ella conoces su sabiduría.

—Es maravilloso que me hayas dado esta respuesta —comentó el rajá—, ya que esos individuos son en realidad mis informadores. Vagan de un lugar a otro, vestidos como santos varones, para investigar un distrito para mí antes de que yo actúe como juez. Cuando se hayan lavado y vestido de blanco, estarán listos para gozar de todos los placeres sensuales.

El Buda le reprendió diciendo:

Eres tú quien ha de hacer las observaciones,
sin estar subordinado a nadie más,
debes vivir sin depender de otros,
y sin comerciar con la santidad.

Udana Sutta

Mientras el Buda estaba en Savatthi, un rico comerciante dio limosnas durante tres días, de acuerdo con su fortuna. Una viuda acaudalada ofreció también grandes cantidades de dinero, y las noticias de estos dos donantes se difundieron por la India entera. La gente de todos los lugares se puso entonces a preguntar: «El mérito que se obtiene dando limosnas ¿depende de la cantidad de dinero que uno ofrezca o de los medios que se tengan?».

Cuando los monjes oyeron esta pregunta le pidieron al Buda que la aclarara. Él dijo:

—El mérito obtenido no depende de la cantidad de dinero sino de la generosa motivación con que uno lo da. Por eso, incluso ofrecer algo tan pequeño como un puñado de harina de arroz con un corazón puro aportará una gran recompensa.

Estas palabras fueron de boca en boca por toda la India y la gente se dedicó a dar limosnas según sus medios, a mendigos, vagabundos y monjes errantes. Les ofrecieron agua en sus patios y colocaron sillas junto a las puertas de entrada. Por el país se extendió una oleada de generosidad.

Vimana Vatthu

Cuando el Buda se estaba muriendo, dijo a sus seguidores:

—Al igual que la tierra tiene colinas y hierba, plantas medicinales y cereales nutritivos para el uso de todos los seres, lo mismo ocurre con la verdad que he enseñado. Produce un sabor maravilloso y es la medicina curativa para las enfermedades de la humanidad. Os la he ofrecido para que moréis serenamente en este gran tesoro. Pero si tenéis alguna duda, debéis plantearla ahora. Sea cual sea la duda que tengáis, intentaré aclararla.

—Honorable, comprendemos la idea del sin-yo, de que no existe un estado permanente y del sufrimiento que causa a las personas creer que tienen un yo y que este es permanente. Es como un borracho que ve borrosamente las colinas y los ríos, la luna y las estrellas girando a su alrededor. Una persona así nunca llegará a comprender la ayoidad y vagará sin cesar en un estado desdichado. Es a causa de este indeseable estado que cultivamos la idea del sin-yo.

Entonces el Buda, a pesar de la serenidad que le producía la proximidad de la muerte, dijo con vehemencia:

—¡Escucha atentamente! ¡Has usado la metáfora de un borracho, pero no conoces el significado de tus palabras! El borracho cree que el mundo gira cuando no es así. Pero si tú crees que para salvar a los demás debes cultivar el sin-yo, todavía sigues creyendo en el yo. Crees que debes ver lo eterno como impermanente, lo puro como impuro, la felicidad como sufrimiento. Pero todo esto no son más que conceptos y tú no has comprendido el significado: que el verdadero yo es la verdad. Lo eterno es la existencia. La felicidad, el nirvana y lo puro, las cosas tal como son.

»No debes adoptar las ideas de impermanencia, sufrimiento, impureza y ayoidad como si fueran objetos reales como las piedras o las rocas, sino buscar su significado. Debes usar en cada lugar los medios convenientes y cultivar las ideas de permanencia, felicidad y pureza en beneficio de todos los seres. Si lo haces, serás como aquel que ve dentro del agua fangosa, entre las piedras y las rocas, una piedra preciosa y espera a que el agua se asiente para cogerla hábilmente. Con respecto al hecho de cultivar la idea del yo, así como la de permanencia, felicidad y pureza, ocurre lo mismo.

Los monjes, desconcertados, dijeron:

—Honorable, según lo que nos habías enseñado y dicho, nos pediste que cultivásemos la ayoidad porque nos conduciría a abandonar la idea de un yo. Pero ahora afirmas que debemos cultivar la idea de un yo; ¿qué significa esto?

—Bien —contestó el Buda—, ahora es cuando me estáis preguntando acerca del significado. Debéis saber que, al igual que un médico, has de encontrar la medicina adecuada para una enfermedad. Yo he observado las dolencias del mundo como si fuera un doctor, y he visto que la gente corriente cree tener un yo y, además, que todo cuanto encuentra también lo tiene. Piensa que el yo está dentro del cuerpo. Pero no es así, y como no es así, yo he mostrado la falacia de todas las ideas que hay acerca del yo y que no está ahí del modo en que la gente cree. En todo cuanto he dicho, he mostrado que el yo es distinto a como la gente piensa que es, porque eran los medios necesarios, la medicina adecuada.

»Pero esto no significa que el yo no exista. ¿Qué es el yo? Si algo es verdad, real, constante, la base de una naturaleza que es inmutable, puede entonces llamarse el yo. En todas las verdades que yo he enseñado en beneficio de los seres, se encuentra esta clase de yo. De vosotros depende, monjes, que la cultivéis.

Mahaparinirvana Sutra